AF290695

Bibliografische Information der Deutschen Nationalbibliothek:

Die Deutsche Nationalbibliothek verzeichnet diese Publikation in der Deutschen Nationalbibliografie; detaillierte bibliografische Daten sind im Internet über http://dnb.d-nb.de abrufbar.

Impressum:

Copyright © 2016 Studylab

Ein Imprint der GRIN Verlag, Open Publishing GmbH

Druck und Bindung: Books on Demand GmbH, Norderstedt, Germany

Coverbild: ei8htz

Tabea Roth

Möglichkeiten des Bildungsmanagements. Kompetenzorientierte Leistungsmessungen und -beurteilungen

Das Schulsystem Baden-Württembergs

2013

Inhaltsverzeichnis

Abkürzungsverzeichnis

A	Anhang
Abb.	Abbildung
Art.	Artikel
BiMa	Bildnungsmanagement
BPM	Bildungsprozessmanagement
bspw.	beispielsweise
BW	Baden-Württemberg
bzw.	beziehungsweise
DeSeCo	Definition and Selection of Competencies
d.h.	das heißt
dpa	Deutsche Presse-Agentur
Dr.	Doktor
ebd.	ebenda
etc.	et cetera
EU	Europäische Union
f./ff.	folgende
GG	Grundgesetz
GLK	Gesamtlehrerkonferenz
GMS	Gemeinschaftsschule
habil.	habilitatus/ habilitiert
Hrsg.	Herausgeber
KM	Ministerium für Kultus, Jugend und Sport
NGO	Non-governmental organization
NotenVO	Notenbildungsverordnung
OECD	Organisation for Economic Co-operation and Development
PISA	Programme for International Student Assessement
Prof.	Professor
S.	Seite
SchulG	Schulgesetz
SchulMa	Schulmanagement
s.o.	siehe oben
St.	Sankt
u.a.	unter anderem / und andere
vgl.	vergleiche

0 Management Summary

Mit der Gemeinschaftsschule (GMS) hat die grün-rote Landesregierung mit Beginn des Schuljahrs 2012/13 erstmals eine Schulart in Baden-Württemberg (BW) eingeführt, in der die neue Lernkultur verpflichtend praktiziert wird. Um den ihr zugrunde liegenden pädagogischen Ansätzen nicht nur bei der Unterrichtsgestaltung, sondern auch im Bereich der Leistungsmessungen und -beurteilungen gerecht zu werden, wird derzeit an zahlreichen Schulen im Land wertvolle Schulentwicklungsarbeit geleistet, deren Komplexität das Bildungsmanagement (BiMa) vor neue Herausforderungen stellt.

Diese Arbeit betrachtet die Spannungs- und Tätigkeitfelder des Schulmanagements (SchulMa) vor dem Hintergrund seines rechtlichen Kontextes zunächst im Allgemeinen, bei der Gestaltung und Durchführung von Prüfungen und speziell im Rahmen der Reform der pädagogischen Diagnostik. Die Autorin verfolgt damit das Ziel, dem Leser einen umfangreichen Einblick in den vielschichtigen Aufgabenbereich der Schulleitungen zu vermitteln, um abschließend auf dieser Grundlage ihre Handlungsempfehlungen für ein effektiveres und effizienteres Management an den öffentlichen Schulen in BW zu formulieren.

1 Einleitung: Die Notwendigkeit zum Ausbau kompetenzorientierter Leistungsmessungen und -beurteilungen im Schulsystem Baden-Württembergs

Mit dem Regierungswechsel im Jahr 2011 hat das Schulwesen in BW umfangreiche Veränderungen erfahren. Die Reformen der grün-roten Landeregierung beinhalteten u.a. die Einführung der GMS. Nachdem die PISA-Studien seit der Jahrtausendwende in Deutschland wiederholt Abhängigkeiten zwischen der sozialen Herkunft der Schüler[1] und deren Schulerfolge festgestellt hatten (vgl. dpa, 2010), soll diese neue Schulart für mehr Bildungsgerechtigkeit[2] sorgen und allen Jugendlichen die Möglichkeit einräumen, den ihren Fähigkeiten entsprechenden Schulabschluss zu erreichen.

Seit dem Schuljahr 2012/13 lernen an den GMS in BW Schüler mit Grundschulempfehlung für die Hauptschule, die Realschule und das Gymnasium gemeinsam. Um trotz der Heterogenität der Lerngruppen den Bedürfnissen des einzelnen Lernenden gerecht werden zu können, werden an diesen Schulen neben den traditionellen hauptsächlich individuelle und kooperative Lernformen praktiziert, die den Lehrkräften eine bessere Binnendifferenzierung ermöglichen. Diese neue Lernkultur erfordert jedoch aus der Sicht zahlreicher Experten auch eine Weiterentwicklung im Bereich der Leistungserhebung. So weist der Erziehungswissenschaftler Prof. Dr. Dr. habil. Werner Sacher darauf hin, dass aufgrund der vielfältigen Lernwege nunmehr auch die Lernergebnisse der einzelnen Jugendlichen unterschiedlich ausfallen werden. Daher sei es kaum sinnvoll – wie dies bspw. bei Klassenarbeiten der Fall ist – die Schüler weiterhin zum gleichen Zeitpunkt auf demselben Niveau zu prüfen. Seiner Meinung nach widerspräche es außerdem der den Bildungsplänen[3] zugrundliegendem Ausrichtung

---

[1] Zur Vereinfachung wird in dieser Arbeit ausschließlich die männliche Form verwendet. Personen weiblichen wie männlichen Geschlechts sind darin gleichermaßen eingeschlossen.

[2] Die Landesregierung versteht „Bildungsgerechtigkeit im Sinne des gleichen Zugangs zu Bildung und der gleichen Möglichkeiten sich zu bilden [...] unabhängig von individuellen Kontexten" (Saalfrank, Wolf-Thorsten 2010, S. 254).

[3] In BW sind derzeit noch die für die allgemeinbildenden Schulen unterschiedlichen Bildungspläne aus dem Jahr 2004 gültig. Diese stellen im Gegensatz zu den früheren Lehrplänen nicht mehr die Vermittlung von Unterrichtsstoff durch die Lehrkräfte, sondern den Kompetenzerwerb der Schüler in den Vordergrund (vgl. 2.3.2). Um den GMS die Programmgestaltung, aber auch den Schülern Notwechsel zwischen den einzelnen Schularten zu erleichtern, wird derzeit ein gemeinsamer Bildungsplan für die Sekundarstufe I erarbeitet, der voraussichtlich zum Schuljahr 2015/16 in Kraft treten wird.

auf den Kompetenzerwerb der Lernenden (vgl. 2.3.2), wenn nach wie vor lediglich die Lernergebnisse bewertet würden, ohne dabei auch die jeweiligen Lern-
und Arbeitsprozesse mit einzubeziehen (vgl. Baulecke 2011, S. 29).

Vor diesem Hintergrund wird die Notwendigkeit zum Ausbau kompetenzorientierter Leistungsmessungen und –beurteilungen im baden-württembergischen
Schulsystem offensichtlich, zumal die neue Lernkultur nicht nur an den mittlerweile 129 GMS (vgl. KM, 2013), sondern ebenfalls an den Grundschulen und
zunehmend auch an anderen Schularten praktiziert wird. Nicht zuletzt aufgrund
des bevorstehenden Gesetzes zur verpflichtenden Inklusion von Schülern mit
sonderpädagogischem Förderbedarf an allen Schulen in BW ist zudem davon
auszugehen, dass sich das Spektrum der Heterogenität der Lerngruppen weiter
vergrößern wird (vgl. Michel, 2013). Die traditionellen Unterrichtsformen - und
damit auch die bisher üblichen Verfahren zur Leistungserhebung – werden daher
wohl immer seltener zum Einsatz kommen.

Diese Entwicklung stellt die Führungskräfte der Einzelschulen, aber auch die
Kultusverwaltung vor neue Herausforderungen, auf die die Verantwortlichen
nur mit professionellem BiMa angemessen reagieren können. Da der Bereich
der Leistungserhebung über die Bildungseinrichtungen selbst hinaus- und bis in
die Abnehmersysteme (weiterführende Schulen, Arbeitsmarkt etc.) hineinragt,
stellt der Ausbau kompetenzorientierter Leistungsmessungen und –
beurteilungen nicht nur eine didaktische Herausforderung dar, die innerhalb des
Lernangebots einer Schule oder gar der Lehrveranstaltung einzelner Lehrkräfte
bewältigt werden kann. Schließlich dienen die Zeugnisse dem Schüler in erster
Linie zur Kommunikation mit der Welt außerhalb der Einzelschule, wenn er sich
bspw. für eine weiterführende Schule, einen Ausbildungsplatz oder eine Ar-
beitsstelle bewirbt. Beim Ausbau kompetenzorientierter Leistungsmessungen
und –beurteilungen kann deshalb die Herstellung von Kompatibilität zwischen
Lehr- und Prüfungsmethodik innerhalb des Bildungsangebots der Einzelschulen
zwar einen maßgeblichen, aber eben nur einen ersten Schritt darstellen. Das Ge-
lingen dieses Vorhabens wird letztendlich entscheidend davon abhängen, ob zudem ein schulübergreifendes Bewertungssystem ausgearbeitet und umgesetzt
werden kann, das für alle Beteiligten nachvollziehbar ist und somit die für die
Beurteilung von Schülerleistungen notwendige Transparenz und Vergleichbar-
keit herstellt (vgl. Riecke-Baulecke 2010, S. 3).

Das Ziel dieser Arbeit ist es, aufzuzeigen, welche Möglichkeiten das Schulsystem in BW zum Ausbau kompetenzorientierter Leistungsmessungen und –
beurteilungen bietet, welche Herausforderungen sich daraus für das BiMa erge-

ben und wie die verantwortlichen Führungskräfte diesen auf effiziente und zielorientierte Weise begegnen können. Hierzu sollen zunächst Erläuterungen der zu verwendenden Fachbegriffe als theoretische Grundlage dienen, bevor das BiMa an den öffentlichen Schulen in BW analysiert wird. Der Fokus soll dabei auf den rechtlichen Kontext gelegt werden, um Spannungs- und Tätigkeitsfelder der Führungspersonen auszumachen. Anschließend werden die wissenschaftlichen Anforderungen an die Prüfungsgestaltung sowie die in BW gültige Prüfungsordnung betrachtet, um sie anschließend den auf aktuellen Forschungsergebnissen basierenden Empfehlungen der Erziehungswissenschaft hinsichtlich der Gestaltung und Durchführung von Leistungserhebungen innerhalb der neuen Lernkultur gegenüberstellen zu können. Auf diese Weise soll dem Leser die komplexe Problematik beim Ausbau kompetenzorientierter Leistungserhebungen und – beurteilungen an öffentlichen Schulen in BW und die damit verbundenen Aufgaben des BiMa an den Schulen, aber auch in der Kultusverwaltung vor Augen geführt werden. Dies wird der Autorin abschließend als Ausgangspunkt für ihre Handlungsempfehlungen an die Verantwortlichen dienen.

2 Begriffserläuterungen

2.1 Management an öffentlichen Schulen in Baden-Württemberg

2.1.1 Management im Allgemeinen

Unter Management versteht man allgemeinhin Unternehmensführung. Sein Ziel ist es, den Bestand der ihm anvertrauten Organisation zu sichern, indem in erster Linie deren Wettbewerbsfähigkeit erhalten und eine Gewinnmaximierung angestrebt wird. Hierzu ist es notwendig, rechtzeitig auf die sich in unserer modernen Gesellschaft immer schneller verändernden Umweltbedingungen angemessen zu reagieren und die zur Verfügung stehenden Ressourcen nach dem Ökonomischen Prinzip möglichst effektiv und effizient einzusetzen. Um dies zu gewährleisten, beinhaltet das Tätigkeitsfeld der Führungskräfte eines Unternehmens zahlreiche und vielseitige Aufgaben, die sich den vier Handlungsschwerpunkten, „Zielsetzung", „Planung", „Umsetzung" und „Kontrolle", zuordnen lassen (vgl. Müller 2007, S. 6ff.)[4].

Laut den Autoren des Neuen St. Galler Management-Modells (vgl. Abb.1) stehen Wirtschaftsbetriebe als eigenständige Systeme in Abhängigkeit zu ihrer Umwelt, mit der sie interagieren müssen, um in dieser auf Dauer bestehen zu können (vgl. Rüegg-Stürm 2003, S. 11ff.). Die Aufgaben von Managern bestehen demnach hauptsächlich darin, die Umwelt ihres Unternehmens, vor allem die Anspruchsgruppen, mit denen es Austauschbeziehungen unterhält, regelmäßig gewissenhaft zu analysieren, um daraus Leitlinien für den Umgang mit ihnen und die dafür notwendigen Maßnahmen ableiten zu können. Innerhalb der Organisation sollten Führungspersonen die einzelnen Arbeitsabläufe möglichst effektiv und damit (kosten-)effizient gestalten. Das umfasst laut Rüegg-Stürm in erster Linie die Ausarbeitung von Unternehmensstrategien und –strukturen sowie der Förderung der innerbetrieblichen Kultur. Des Weiteren gilt es, die unterschiedlichen Prozesse zu koordinieren und die Organisation stetig weiterzuentwickeln (vgl. ebd., S. 22)[5]. Der Begriff des Managements im Allgemeinen wird in Folge dafür verwendet, diesen umfangreichen Komplex an Handlungsfeldern von Führungskräften in Unternehmen zu bezeichnen.

---

[4] Rezitiert aus einer früheren Studienarbeit der Autorin (Roth 2013a, S. 5).

[5] Vgl. ebd., S. 7.

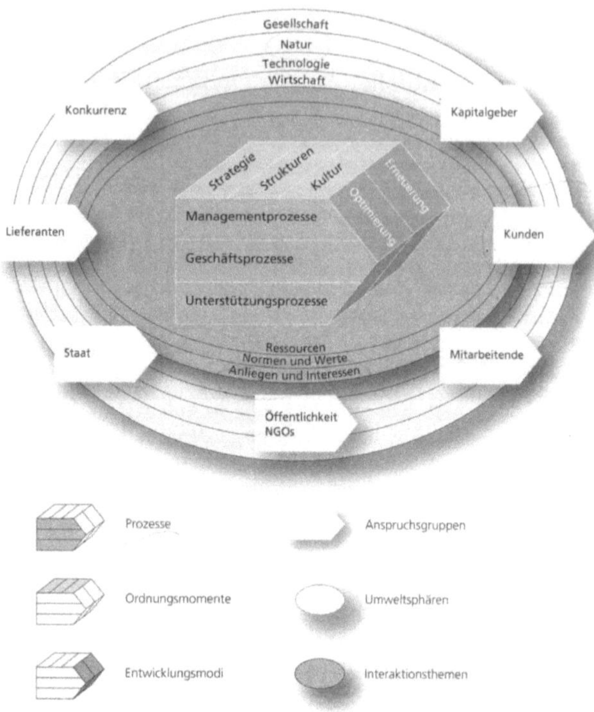

Abb. 1: Das Neue St. Galler Management-Modell (Rüegg-Stürm 2003, S. 22).

2.1.2 Bildungsmanagement

Da die Aneignung von Bildung im besonderen Maße der Mitarbeit der Lernenden bedarf, kann eine Bildungsorganisation nur bedingt Einfluss ihre Geschäftsprozesse, also die Bildungsprozesse, ausüben. Ein Bildungsangebot wie die Dienstleistung eines Unternehmens zu behandeln und es dementsprechend nach dem Ökonomischen Prinzip auszurichten, würde daher der pädagogischen Arbeit der Bildungsinstitutionen nicht gerecht (vgl. Müller 2009, S. 76 und Iberer 2010, S. 45). Aufgrund dessen benötigen Bildungseinrichtungen eigene Management-Konzepte, die die spezifischen Herausforderungen „von Bildungsprozessen und [die] daraus resultierenden Aufgaben der Leitung von Bildungseinrichtungen" (Müller 2009, S. 76) aufgreifen[6].

---

[6] Roth 2013a, S. 8.

Seit seiner Veröffentlichung im Jahre 2002 haben vier Wissenschaftler, Seitz und Capaul (vgl. Seitz/Capaul 2005 sowie A-1), Dubs (vgl. Dubs 2005 sowie A-2) und Müller (vgl. Müller 2009 sowie Abb. 2), Adaptionen des Neuen St. Galler Management-Modells für den Bildungsbereich erstellt. Die Autorin hat in einer ihrer früheren Studienarbeiten die Vorzüge des orientierenden Rahmenmodells von Müller bereits hinlänglich erörtert[7], so dass an dieser Stelle darauf verzichtet werden kann. Auf eine Besonderheit der Konzeption soll dennoch hingewiesen werden, da diese ihrer Meinung nach die Spezifika des BiMa und somit den Unterschied zum betrieblichen Management in eindrucksvoller Weise verdeutlicht.

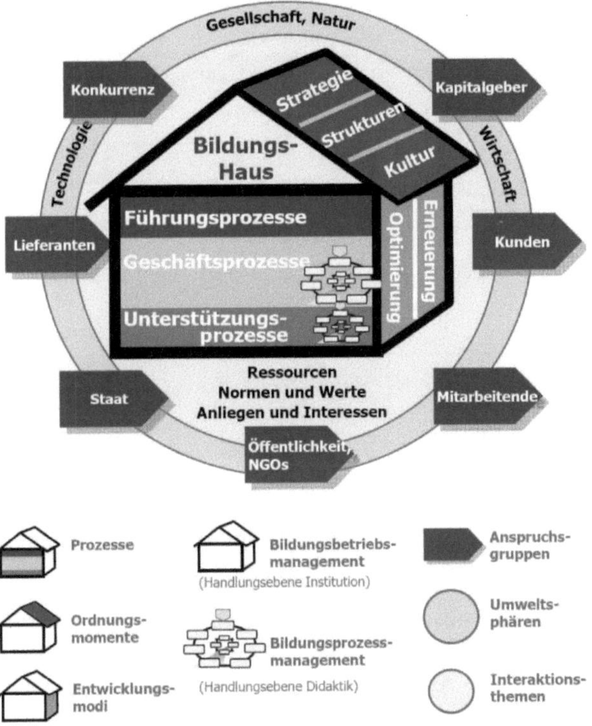

Abb. 2: Das orientierende Rahmenmodell (Müller 2009, S. 82).

Müllers Konzeption integriert ein zusätzliches Modell (vgl. Abb. 3), das des Bildungsprozessmanagements (BPM), einmal in die Geschäfts- und ein weiteres

---

[7] Vgl. Roth 2013a, S.11ff.

Mal in die Unterstützungsprozesse der Bildungseinrichtung. Damit empfiehlt Müller Führungskräften im Bildungsbereich eine getrennte Betrachtung des Bildungsbetriebs- und des Bildungsprozessmanagements. „Das Bildungsbetriebsmanagement bezieht sich auf die Gesamtleitung einer Bildungseinrichtung unter pädagogischen und betriebswirtschaftlichen Aspekten" (Müller 2009, S. 83f.), während man unter BPM „die Entwicklung und Steuerung des Kernprozesses einer Bildungsorganisation" (ebd., S. 86) versteht[8]. Der Begriff des BiMa soll hier zur Bezeichnung der Tätigkeitfelder des Bildungsbetriebs- und -prozessmanagements verwendet werden.

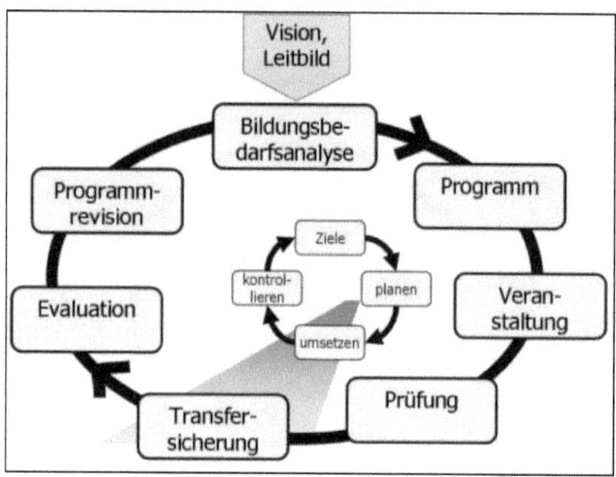

Abb. 3: Bildungsprozessmanagement (Müller 2009, S. 87).

2.1.3 Schulmanagement

Obwohl die Anwendung des Management-Begriffs in der Schulöffentlichkeit umstritten ist[9], ist nicht von der Hand zu weisen, dass die Aufgabenfelder der dortigen Führungskräfte denen von Managern in Wirtschaftsunternehmen immer ähnlicher werden. Denn auch Schulleiter arbeiten mit ihren Lehrerkollegien Konzepte aus und organisieren deren Umsetzung, delegieren und koordinieren Aufgaben und versuchen oftmals mittels Evaluationen ihre Bildungsinstitution weiterzuentwickeln (vgl. Müller 2007, S. 8f.). Das ist vor allem darauf zurückzuführen, dass mittlerweile auch Schulen aufgrund sinkender Finanz- und Personalressourcen daran gemessen werden, inwiefern sie zielorientiert und effi-

---

[8] Roth, 2013a, S. 11.

[9] Nach Müller sehen viele Pädagogen die „Gefahr einer völligen Ökonomisierung und Instrumentalisierung" (Müller 2009, S.

75) des öffentlichen Schulwesens damit einhergehen.

zient handeln (vgl. Müller 2009, S. 71) und inwieweit ihr Bildungsangebot auf dem Arbeitsmarkt verwertbar ist (vgl. Kunst/Hanft 2009, S. 50ff.)[10].

SchulMa soll im Rahmen dieser Arbeit als Unterkategorie des BiMa mit eigenen Spezifika verstanden werden, da die Tätigkeiten von Führungskräften an einer Schule aufgrund ihres besonderen rechtlichen Status (vgl. 3.2) unter anderen Voraussetzungen stattfinden als dies an nicht-staatlichen Bildungsinstitutionen der Fall ist. So ist bspw. die Effizienz ihres Managements schwerer nachweisbar, weil diese nicht an den Finanzerträgen der Einrichtung, sondern lediglich am nicht im vollen Umfang zu ermittelnden Bildungserfolg der Lernenden festgemacht werden kann. Da die Schule eine gesamtgesellschaftliche Aufgabe erfüllt, gestaltet sich die Interaktion der Schulleitungen mit den Anspruchsgruppen außerdem wesentlich vielfältiger und damit aufwendiger. Hinsichtlich der Konzeption ihres Bildungsangebots werden die Verantwortlichen zudem massiv von außen beeinflusst, da sie ihren Bildungs- und Erziehungsauftrag mit entsprechenden inhaltlichen Vorgaben vom Gesetzgeber erhalten (vgl. Seitz/Capaul 2005, S. 20f.).

Der Begriff der Schule selbst wird von Rux folgendermaßen definiert: „Auf Dauer angelegte Institutionen […], in denen unabhängig vom Wechsel der Lehrkräfte und Schüler mehrere Fächer oder Fachgebiete unterrichtet werden und deren Besuch entweder obligatorisch ist oder an denen die Schulpflicht erfüllt werden kann" (Rux 2013, S. 3). Da die Autorin im Rahmen dieser Arbeit den Fokus auf die Sekundarstufe I legt, umfasst ihre Begriffsdefinition in Anlehnung an Rux im Folgenden alle Schularten, die eine solche anbieten.

2.2 Die neue Lernkultur

Der Begriff der neuen Lernkultur wurde vom Erziehungswissenschaftler Prof. Dr. Thorsten Bohl geprägt. Er umfasst laut Sacher „die neuen methodischen Unterrichtsansätze, die sehr starke Akzente auf Selbststeuerung, auf kooperative Lernformen sowie auf individualsiertes Lernen und individuelle Förderung legen" (Baulecke 2011, S. 28). Angesichts der Zunahme von Heterogenität in schulischen Lerngruppen dienen sie den Lehrkräften vor allem dazu, ihr Lehrangebot im offenen Unterricht zu differenzieren und so auf die jeweiligen Bedürfnisse der einzelnen Schüler auszurichten.

---

[10] Roth 2013a, S. 8.

2.2.1 Individuelles und kooperatives Lernen im offenen Unterricht

Der Begriff des offenen Unterrichts bezeichnet grundsätzlich alle schüleraktiven Lehr- und Lernformen, in denen die Lernenden selbstgesteuert, eigeninitiativ, entdeckend und problemlösungsorientiert agieren. Er umfasst sowohl individuelle als auch kooperative Lernformen. Als Beispiele führt Jürgens die didaktischen Methoden des Arbeitsplans, des Stationenlernens, der Frei- und der Projektarbeit auf (vgl. Jürgens 2003, S. 15ff.).

Wehr bezeichnet kooperatives Lernen als „Interaktionsform, bei der die beteiligten Personen gemeinsam und in wechselseitigem Austausch Kenntnisse und Fähigkeiten erwerben" (Wehr 2010, S.34). Durch Kommunikation der Lernenden untereinander regen diese sich gegenseitig dazu an, das Gelernte zu reflektieren und somit effektiv zu verarbeiten. Solche Lernformen versetzen die Lernenden in Situationen, in denen sie selbst aktiv werden und eigene Problemlösungsstrategien entwickeln müssen. Die Verantwortung für die Gestaltung des Lernprozesses obliegt nicht mehr nur der Lehrkraft, sondern geht zu einem großen Teil auf den Schüler über. Auf diese Weise gestalten sich diese Lernformen besonders nachhaltig, da sie selbstständiges Lernen initiieren (vgl. ebd., S. 36).

Somit ist das kooperative eng mit dem individuellen Lernen verknüpft, für das häufig die Synonyme des eigenverantwortlichen, selbstständigen, selbstreflexiven, selbstbestimmten, selbstregulierten, selbstorganisierten, individualisierten oder autonomen Lernens gebraucht werden (vgl. Wacker 2010, S. 284). Diese Bezeichnungen umfassen den Prozess des eigenständigen Setzens von Lernzielen, des Auswählens und Einsetzens von angemessenen Techniken und Problemlösungsstrategien sowie deren Reflexion (vgl. Jürgens 2003, S. 33). Da man sich in der Fachliteratur bisher auf keine einheitliche Terminologie verständigt hat (vgl. Wacker 2010, S. 284), legt sich die Autorin zur Vereinfachung im Rahmen ihrer Arbeit auf den Begriff des individuellen Lernens fest.

2.2.2 Differenzierung zur individuellen Förderung des einzelnen Schülers

Czaputa unterscheidet grundsätzlich zwei Arten von Differenzierung: Die personale und die didaktische. Erstere kann sich nach der Leistungsfähigkeit, dem Förderbedarf oder den Interessen und Neigungen der Schüler ausrichten, während letztere für diese verschiedene Unterrichtsinhalte, Methoden und Medien oder gar individuelle Lernziele vorsieht (vgl. Czaputa 2009, S. 22f.). Im Vergleich dazu ergänzt Bönsch den Differenzierungsbegriff um zwei weitere Ansätze. Neben der für Gruppenarbeiten fast schon obligatorischen Arbeitsteilung spricht er von der „freigegebenen Differenzierung" (Bönsch 2010, S. 26). Bei dieser werden dem Lernenden Ziele, zu erwerbende Kompetenzen und die Lernbereiche zwar vorgegeben, seine Lernaktivitäten muss er jedoch eigenständig organisieren. D.h. er entscheidet selbst über seine Lernwege, deren Dauer sowie den Zeitpunkt der Leistungskontrollen (vgl. ebd.). Die Autorin möchte sich an dieser Stelle nicht auf eine Begriffsdefinition festlegen, da in BW zur Förderung jedes einzelnen Lernenden mittlerweile alle der oben angesprochenen Arten der Binnendifferenzierung praktiziert werden und somit hinsichtlich der Problematik des Ausbaus kompetenzorientierter Leistungsmessungen und –beurteilungen ohnehin alle Formen der Differenzierung berücksichtigt werden müssen.

2.3 Prüfungsverfahren an öffentlichen Schulen

2.3.1 Schulische Leistungsmessung und beurteilung

Nach Sacher ist schulische Leistung „die zur Erlangung eines Zieles aufgewandte und auf einen Gütemaßstab bezogene Anstrengung" (Sacher 1996, S. 1). Mit Anstrengung ist die Ausarbeitung von Lösungsstrategien und die Ableitung entsprechender Maßnahmen des Schülers gemeint, mittels derer er eine von einem Prüfer gestellte Aufgabe zu lösen, also das Ziel zu erreichen, ersucht. Als Gütemaßstab fungiert der jeweilige Erwartungshorizont des Prüfers. Die Leistungsmessung - und damit auch den von Müller als „Prüfung" bezeichnete Schritt des BPM (vgl. Abb. 3) – umfasst bei Sacher die Erhebung, die Beurteilung und die Bewertung von Schulleistungen. Die Leistungserhebung erfolgt mittels Prüfungen, die dabei die Messinstrumente darstellen, die Beurteilung durch die Ermittlung des Verhältnisses der erbrachten Leistung zu den Lehrzielen und die Benotung durch die Vergabe einer entsprechenden Note (vgl. Sacher 1996, S. 21ff. und 43).

Vergleicht man die Begriffsdefinitionen von Sacher mit denen anderer Erziehungswissenschaftler, fällt auf, dass auch hier bisher noch keine einheitliche Terminologie vereinbart wurde. So bezeichnet bspw. Klauer den oben beschriebenen Prozess der Leistungsmessung als Leistungsbeurteilung, die sich aus der Leistungsfeststellung, also der Ermittlung von Leistung, und deren Bewertung zusammensetzt (vgl. Klauer 2002, S. 103). Die Autorin verwendet für den Vorgang der Ermittlung, also die Prüfung an sich, den Begriff der Leistungsmessung bzw. der Leistungserhebung, die Prozesse der Bewertung und Benotung fasst sie unter der Bezeichnung der Leistungsbeurteilung zusammen. Eine solche kann jedoch nur auf der Basis eines Benotungsmodells bzw. Bewertungssystems erfolgen. Die Autorin übernimmt hierfür die Definition Sachers, wonach es sich dabei um „eine Regel oder ein Regelsystem [handelt], das Schülerleistungen Bewertungen zuweist" (Sacher, 1996, S. 79).

2.3.2 Kompetenzorientiertes Prüfen

Für den Kompetenzbegriff liegt bisher ebenfalls keine einheitliche Formulierung vor. „In dem OECD-Projekt DeSeCo (Defining and Selecting Key Competencies) [aus dem Jahr 2003] werden Kompetenzen folgendermaßen definiert: Eine Kompetenz ist die Fähigkeit zur erfolgreichen Bewältigung komplexer Anforderungen in spezifischen Situationen. Kompetentes Handeln schließt den Einsatz von Wissen, von kognitiven und praktischen Fähigkeiten genauso ein wie soziale und Verhaltenskomponenten (Haltungen, Gefühle, Werte und Motivationen)" (Gnahs 2010, S. 21)[11].

Die bildungspolitische Diskussion der letzten Jahre war stark von diesem Kompetenzbegriff geprägt. „Vor dem Hintergrund eines zunehmenden Innovationsdrucks und sich immer schneller vollziehenden technologischen Wandels wird von Beschäftigten eine erhebliche Lern- und Veränderungsbereitschaft erwartet" (Hanft 2008, S. 170). Aufgrund dessen zielen die aktuellen Bildungspläne auf die Vermittlung von Handlungskompetenz, die sich wiederum aus Fach-, Methoden-, Sozial- und Personalkompetenzen zusammensetzt und die Schüler zum selbstorganisierten Handeln und damit zur besseren Bewältigung von Veränderungen befähigen soll. (vgl. ebd. sowie Abb. 4). Auf dieser Grundlage ist mit dem Vier-Faktoren-Modell einer ganzheitlichen Lernkompetenz (vgl. Abb. 5) ein Konzept ausgearbeitet worden, auf das sich die schulische Unterrichtsdidaktik bundesweit ausrichtet (vgl. Jürgens 2003, S. 17). Den baden-württembergischen Bildungsplänen aus dem Jahr 2004 liegt ein Verständnis von Kompetenz zugrunde, nach dem diese sich „als eine komplexe Fähigkeit, [...] aus richtigem Wahrnehmen, Urteilen und Handeln-Können zusammensetzt" (Konrad/Traub 2011, S. 10) und die für ihren Erwerb notwendigen Kenntnisse, Fertigkeiten und Einstellungen selbstständig angeeignet werden müssen (vgl. ebd., S. 11).

---

[11] Gnahs zitiert seinerseits aus: Organisation for Economic Co-operation and Development (2003): Definition and Selection of Competencies: Theoretical an Conceptual Foundations (DeSeCo). Summary of the Final Report „Key Competencies for a Successful Life an a Well-Functioning Society. Paris, S. 2.

Fachkompetenzen Die Dispositionen, geistig selbstorgani- siert zu handeln, d.h. mit fachlichen Kenntnissen und fachlichen Fertigkeiten kreativ Probleme zu lösen, das Wissen sinnorientiert einzuordnen und zu bewerten.	**Methodenkompetenzen** Die Dispositionen, instrumentell selbst- organisiert zu handeln, d.h. Tätigkeiten, Aufgaben und Lösungen methodisch kreativ zu gestalten und von daher auch das geistige Vorgehen zu strukturieren.
Sozialkompetenzen Die Dispositionen, kommunikativ und kooperativ selbstorganisiert zu handeln, d.h. sich mit anderen kreativ auseinan- der- und zusammenzusetzen, um sich gruppen- und beziehungsorientiert zu verhalten, um neue Pläne und Ziele zu entwickeln.	**Personale Kompetenzen** (Individual- kompetenzen) Die Dispositionen, reflexiv selbstorgani- siert zu handeln, d.h. sich selbst einzu- schätzen, produktive Einstellungen, Werthaltungen, Motive und Selbstbilder zu entwickeln, eigene Begabungen, Motivationen, Leistungsvorsätze zu ent- falten und sich im Rahmen der Arbeit und außerhalb kreativ zu entwickeln und zu lernen.
Handlungskompetenzen Die Dispositionen, gesamtheitlich selbstorganisiert zu handeln, d.h. viel oder alle der zuvor genannten Kompetenzen zu integrieren.	

Abb. 4: Kompetenzen nach Erpenbeck/Heyse, 1999 (Hanft 2008, S. 171).

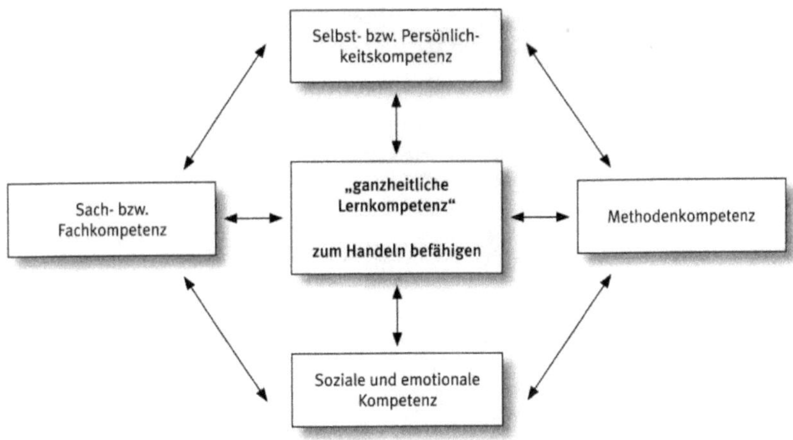

Abb. 5: Vier-Faktoren-Modell einer ganzheitlichen Lernkompetenz (Jürgens 2003, S. 18).

Damit greifen die Bildungspläne die Theorie Erpenbecks und Rosenstiels auf, wonach selbstorganisiertes Handeln Voraussetzung für die Ausbildung von Kompetenzen ist. Die Wissenschaftler weisen jedoch auch darauf hin, dass Kompetenzen für Außenstehende nicht erkennbar sind und sich deshalb lediglich durch Performanz, der Anwendung von Kompetenz, nachweisen lassen (vgl. Erpenbeck/Rosenstiel 2003, S. X). Unter dem Begriff des kompetenzorientierten Prüfens sollen daher in dieser Arbeit alle Arten von Leistungserhebungen zusammengefasst sein, die auf Performanz ausgerichtet sind, also die Handlungen der Lernenden in ihrer Gesamtheit (Zielfestlegung, Planung, Durchführung, Kontrolle) in den Fokus nehmen (vgl. Ebbinghaus 1999, S. 9).

2.3.3 Möglichkeiten zum Ausbau kompetenzorientierter Leistungsmessungen und -beurteilungen im Schulsystem Baden-Württembergs

Seit dem Erlass des neuen Berufsbildungsgesetztes im Jahr 2005, das die Feststellung der beruflichen Handlungskompetenz von Auszubildenden einfordert, sehen immer mehr Ausbildungsordnungen die Vermittlung der Lerninhalte „unter Einbeziehung des selbstständigen Planens, Durchführens und Kontrollierens" (Ott 2007, S. 238) und den Nachweis dieser Befähigung in den Abschlussprüfungen vor. Wie die Lehrangebote selbst, sollen also auch die Prüfungsaufgaben die im jeweiligen Berufsalltag üblichen Handlungsfelder und Arbeitsprozesse (vgl. Schlieb 2008, S. 25) sowie die hierfür erforderlichen fachlichen, methodischen, sozialen und personellen Kompetenzen verstärkt in den Blick nehmen[12]. Somit werden kompetenzorientierte Leistungsmessungen an den Berufsschulen in BW bereits schulübergreifend praktiziert. Diese sind jedoch nicht auf den Bereich der beruflichen Schulen beschränkt. So werden bspw. auch an den Realschulen die Schüler der Abschlussklasen seit dem Schuljahr 2008/09 im Rahmen der Fächerübergreifenden Kompetenzprüfung ebenfalls kompetenzorientiert geprüft (vgl. Wacker 2010, S. 289).

Mit den Möglichkeiten zum Ausbau kompetenzorientierter Leistungsmessungen und -beurteilungen meint die Autorin die Voraussetzungen, unter denen der neuen Lernkultur entsprechende Formen der Leistungserhebung im baden-württembergischen Schulsystem ausgeweitet und ein entsprechendes einheitliches Bewertungssystem eingeführt werden können. Das orientierende Rahmenmodell von Müller fungiert dabei als Instrument ihrer Analyse, mit dem sie das SchulMa der Einzelschulen im Allgemeinen und hinsichtlich ihrer Prüfungsge-

---

[12] Vgl. Roth 2012, S. 42.

staltung im Besonderen vor dem Hintergrund der Einflussnahme von außen beleuchten wird. Das Bildungssystem in BW wird hier somit in erster Linie aus der Sicht der Schule betrachtet, die bei der Untersuchung die Position des Bildungshauses (vgl. Abb. 2) einnimmt. Müllers Konzept kann aber auch auf das Bildungssystem an sich angewendet werden. In diesem Fall wären die Schulen dem Bereich der Geschäftsprozesse innerhalb der Kultusverwaltung zuzuordnen. Aufgrund des begrenzten Rahmens ihrer Arbeit wird sich die Autorin darauf konzentrieren, die Herausforderungen des BiMa beim Ausbau kompetenzorientierter Leistungsmessungen und -beurteilungen an den Schulen aufzuzeigen. Da dieser jedoch ausnahmslos in Abhängigkeit vom gesamten Bildungssystem durchgeführt werden kann, soll zum Abschluss auch die Kultusverwaltung in angemessener Weise berücksichtigt werden.

3 Analyse des Schulmanagements öffentlicher Schulen in Baden-Württemberg anhand des orientierenden Rahmenmodells

3.1 Das orientierende Rahmenmodell von Müller

Das orientierende Rahmenmodell (vgl. Abb. 2), das in Anlehnung an das Neue St. Galler Management-Modell (vgl. Abb. 1) ebenfalls die sechs Kategorien, Umweltsphären, Anspruchsgruppen, Interaktionsthemen, Ordnungsmomente, Prozesse und Entwicklungsmodi, aufweist, ist kreisförmig angelegt, wobei die Umweltsphären, Gesellschaft, Natur, Technologie und Wirtschaft, im Gegensatz zu Rüegg-Stürm nicht hierarchisch, sondern gleichrangig angeordnet sind. Auf diesen sind die Anspruchsgruppen, Konkurrenz, Lieferanten, Staat, Öffentlichkeit/NGOs, Mitarbeitende, Kunden und Kapitalgeber, angebracht. Sie haben die Form von Pfeilen, die teilweise zum Unternehmen hin, teilweise davon weg zeigen. Die Interaktionsthemen, Ressourcen, Normen und Werte sowie Anliegen und Interessen, sind im unteren Raum des Kreises aufgeführt. In der Mitte befindet sich statt des Prismas ein Bildungshaus, in dem der Betrachter drei Ebenen ausmachen kann: An der Front sind die Prozesse, Führungs-, Geschäfts- und Unterstützungsprozesse, auf dem Dach die Ordnungsmomente, Strategie, Strukturen und Kultur, und an der rechten Wand die Entwicklungsmodi, Optimierung und Erneuerung, angebracht.

In diesem Modell bilden die Umweltsphären die zentralen Kontexte ab, innerhalb derer BiMa stattfindet. Die aufgeführten Anspruchsgruppen bezeichnen jene Personen, Organisationen oder Institutionen, mit denen das Unternehmen Austauschbeziehungen unterhält. Die Pfeile zur bzw. von der Organisation weg unterscheiden sie hinsichtlich ihrer Funktion für das Unternehmen. Auf der linken Seite befinden sich diejenigen, die ihm die notwendigen Rahmenbedingungen zur Verfügung stellen, auf der rechten stehen wiederum diejenigen, die aus den Ergebnissen seiner Geschäftsprozesse Nutzen ziehen möchten. Die Gegenstände dieser Austauschbeziehungen werden als Interaktionsthemen bezeichnet. Um die Arbeitsabläufe im Unternehmensalltag effektiv und effizient zu gestalten, besitzt eine Organisation drei Ordnungsmomente: Strategie, Struktur und Kultur (vgl. Rüegg-Stürm 2003, S. 23-29). Nachdem mittels der Strategie festgelegt wurde, welche Tätigkeiten im Unternehmen ausgeführt werden sollen, erfolgt deren Koordination durch die Strukturen (vgl. Müller 2009, S. 81), die wiederum vom gemeinsamen Sinnhorizont, der Kultur, innerhalb der Organisation getragen werden (vgl. Rüegg-Stürm 2003, S. 55). Mit Prozessen ist die Gesamtheit der Aufgaben gemeint, die meist in einer standardmäßig vorgegebenen

Abfolge erledigt werden (vgl. Müller 2009, S. 81). Das orientierende Rahmenmodell unterscheidet hierbei drei Arten: Unter Führungsprozessen sind alle Tätigkeiten zu verstehen, die zum Ziel haben, die Organisation zu gestalten, zu steuern und zu entwickeln, während die Geschäftsprozesse ausschließlich auf die Kernaktivitäten des Unternehmens, also die Bildungsangebote, ausgerichtet sind. Als Unterstützungsprozesse werden diejenigen Abläufe bezeichnet, die in einer Organisation erfolgen müssen, damit die Geschäftsprozesse stattfinden können (vgl. Rüegg-Stürm 2003, S. 69). Um der sich stetig verändernden Umwelt gerecht werden zu können, ist es für ein Unternehmen dringend erforderlich, sich ebenfalls kontinuierlich weiterzuentwickeln. In dieser Hinsicht führt das Modell mit der Optimierung, der allmählichen, und der Erneuerung, der revolutionären Veränderung, zwei Entwicklungsmodi an (vgl. ebd., S. 23).

Wie bereits erwähnt, hat Müller in seine Konzeption ein weiteres Modell (vgl. Abb. 3), das des BPM, einmal in die Geschäfts- und ein weiteres Mal in die Unterstützungsprozesse integriert. Der innere Kreis der Visualisierung zeigt einen allgemeinen Management-Handlungszyklus (Zielsetzung, Planung, Umsetzung und Kontrolle), der sowohl dem BPM-Verlauf an sich als auch den einzelnen Handlungsschritten des Kreislaufes, die im äußeren Kreis dargestellt sind, als Grundgerüst dient (vgl. Müller 2009, S. 86ff.). Die Bildungsbedarfsanalyse, das Programm, die Veranstaltung, die Prüfung, das Transfermanagement, die Evaluation sowie die Programmrevision sind dabei laut Müller stets nach der „Vision, [dem] Leitbild und [der] Strategie der Organisation" (ebd., S. 87) auszurichten[13]. In Müllers BPM-Modell stellt die Station „Prüfung" somit die vierte in diesem Handlungszyklus dar, die direkt auf das Programm und die Veranstaltung folgt. Hier sollen nun Prüfungen zur Leistungsmessung und –beurteilung gestaltet und zeitlich sinnvoll in das Bildungskonzept integriert werden, so dass festgestellt werden kann, inwieweit die Lernenden aufgrund der durchgeführten Lehrmaßnahmen Wissen, Fertigkeiten und Kompetenzen entwickelt haben. Zudem muss ein System konstruiert werden, anhand dessen die erbrachten Leistungen bewertet werden können (vgl. Müller/Iberer 2007, S. 207)[14].

Um dieses Modell auf die öffentlichen Schulen in BW anwenden zu können, ist zunächst ein Blick auf deren oben bereits erwähnte besondere Rechtlage notwendig. Daher soll im nächsten Kapitel dem Leser ein Überblick über die ge-

---

[13] Vgl. Roth 2013a, S. 9ff.

[14] Vgl. Roth 2012, S. 39.

setzlichen Vorgaben vermittelt werden, die die Tätigkeitsfelder von Schulmanagern sowohl nach außen als auch innerhalb der Schule beeinflussen.

3.2 Der rechtliche Status öffentlicher Schulen in Baden-Württemberg[15]

Das Grundgesetz der Bunderepublik Deutschland bezeichnet die Erziehung von Kindern als „das natürliche Recht der Eltern und die zuvörderst ihnen obliegende Pflicht" (GG Art. 6, 2)[16]. Indem sie den Schulen ihren Erziehungs- und Bildungsauftrag übermittelt, greift die baden-württembergische Landesverfassung jedoch – wie dies in allen deutschen Bundesländern der Fall ist - in das elterliche Erziehungsrecht ein. Die Schule nimmt also mit den Eltern eine gemeinsame Erziehungsverantwortung wahr, die eine entsprechende Abstimmung erfordert, zumal beide Erziehungsaufträge rechtlich gleichrangig sind (vgl. Gayer/Reip 2012, S. 71ff.).

Durch den Erziehungsauftrag des Landes BW erhalten die öffentlichen Schulen den Status einer staatlichen Institution, deren Vorgänge nicht etwa durch Vertragsrechte, sondern mittels rechtlicher Vorgaben des Verfassungsgebers, des Gesetzgebers oder der Verwaltung geregelt werden. Dabei bildet die Gesetzgebung des Länderparlamentes die Grundlage für den Erlass von Rechtsordnungen von Seiten der Kultusverwaltung. Verordnungen werden grundsätzlich vom zuständigen Ministerium erlassen, während Verwaltungsvorschriften und Erlasse von den jeweils vorgesetzten an die nachgeordneten Behörden erteilt werden können (vgl. ebd., S. 18ff. sowie Abb. 6). Dem Staat obliegt zudem die Schulaufsicht, die im engeren Sinn die Fach- und Dienstaufsicht sowie die Aufsicht über den Schulträger, im weiteren Sinn aber auch die Planung, Ordnung, Gestaltung und Förderung des gesamten Schulwesens umfasst. So fällt bspw. die Aufgabe der Erstellung von Bildungsplänen nicht in den Bereich der Schulen selbst, sondern in den der obersten Schulaufsichtsbehörde (vgl. ebd., S. 48ff.).

---

[15] Die Autorin möchte dem Leser mit diesem Kapitel eine grobe Übersicht darüber vermitteln, inwiefern das SchulMa an öffentlichen Schulen in BW von gesetzlichen Vorgaben beeinflusst wird. Angesichts des begrenzten Rahmens ihrer Arbeit einerseits sowie des Umfangs und der Komplexität der Thematik andererseits erhebt sie keinen Anspruch auf Vollständigkeit.

[16] Rezitiert nach Gayer/Reip 2012, S. 71.

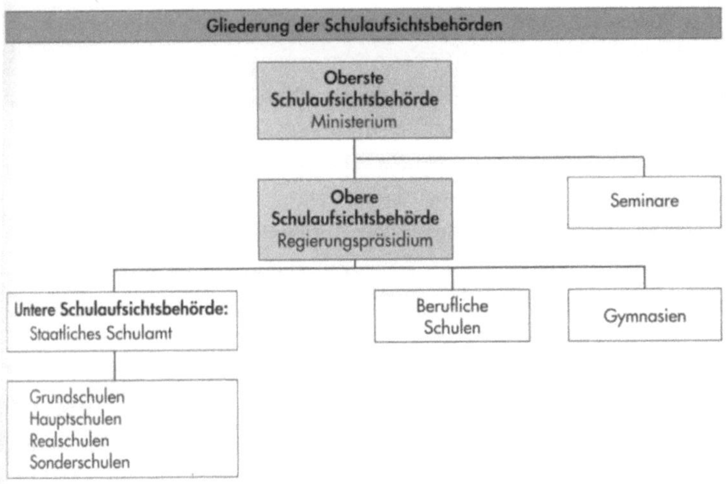

Abb.6: Gliederung der Schulaufsichtsbehörden in Baden-Württemberg (Gayer/Reip 2012, S. 51).

Öffentliche Schulen in BW sind nichtrechtsfähige öffentliche Anstalten. D.h. sie sind nicht selbst Träger von Rechten und Pflichten. Diese werden stattdessen vom Schulträger bzw. vom Land ausgeübt. Dabei trägt das Land die Verantwortung für die inneren (s.o.), der Schulträger für die äußeren Schulangelegenheiten. Neben der Entscheidung über die Einrichtung und Namensgebung einer Schule obliegt dem Schulträger somit die Finanzierung der Errichtung und Unterhaltung des Schulgebäudes sowie der Kosten für notwendige Einrichtungsgegenstände und Unterrichtsmaterialien. Träger einer öffentlichen Schule können das Land, der Land- oder Stadtkreis oder auch die Gemeinde sein (vgl. ebd., S. 44ff.).

Im Sinne ihrer gemeinsamen Erziehungsverantwortung werden den Eltern in der Schule abgestufte Beteiligungsrechte eingeräumt. So obliegt den jeweiligen Erziehungsberechtigten (Individualrecht) die Entscheidung über den Bildungsgang und die Schule, die das Kind besuchen soll, sowie über den Besuch des Religionsunterrichts. Außerdem müssen sie bei der Entscheidung über Erziehungsmaßnahmen beteiligt und auf Anfrage „umfassend über die schulische Entwicklung, über das Verhalten wie auch über den Leistungsstand ihres Kindes unterrichtet werden" (ebd., S. 72). Darüber hinaus wird ihnen die Möglichkeit gegeben, über die Klassenpflegschaft (Kollektive Rechte), den Eltern-, den Gesamteltern- und Landeselternbeirat (Repräsentative Rechte) das Schulwesen mitzugestalten (vgl. ebd., S. 72ff.), indem sie bspw. Vorschläge in die Lehrer-konferenzen einbringen (vgl. ebd., S. 57f.).

Den Schülern selbst wird vom Gesetzgeber eine Schulpflicht verordnet, die den vierjährigen Besuch der Grundschule sowie den fünfjährigen Besuch einer wei-terführenden Schule zwingend vorsieht. Diese Pflicht umfasst neben der bloßen Teilnahme der Unterrichtsveranstaltungen zudem die aktive Mitarbeit, die Erle-digung von Hausaufgaben und das Erbringen von Leistungsnachweisen. Grund-sätzlich ist auch die Teilnahme an Klassenfahrten obligatorisch. Die im Grund-gesetz aufgeführten Grundrechte dürfen von der Schulgesetzgebung nicht tan-giert werden. Somit genießen die Schüler auch in der Schule bspw. das Recht auf freie Persönlichkeitsentwicklung, Gleichheit sowie Meinungs- und Glau-bensfreiheit (vgl. ebd., S. 63ff.). Ebenso wie den Eltern wird auch den Schülern durch die Schülermitverantwortung die Möglichkeit eingeräumt, das Schulleben mitzugestalten. Ihr Mitwirkungsbereich kann zwar von Schule zu Schule variie-ren, grundsätzlich haben aber die Klassen- und Schülersprecher jederzeit das Recht, die Anliegen der Schülerschaft gegenüber den Lehrkräften, der Schullei-tung und den Eltern mittels Vorschlägen oder Beschwerden zu vertreten und zwischen den Beteiligten zu vermitteln (vgl. ebd., S. 58ff.).

Auch der rechtliche Status der Kirchen und Jugendämter im Schulsystem ist in BW gesetzlich geregelt. Während das Schulgesetz (SchulG) auf eine detailliert-re Beschreibung der verpflichtenden Zusammenarbeit der Schulen mit den Ju-gendämtern verzichtet und damit den Beteiligten Gestaltungsspielräume eröffnet (vgl. Lambert 2011, S. 141), hat das Bundesverfassungsgericht auf Grundlage des Art. 7 GG die inhaltliche Verantwortung für den Religionsunterricht den je-weiligen Religionsgemeinschaften zugesprochen. Die Entscheidungsgewalt über Lerninhalte und –meth-oden sowie die Auswahl des Lehrpersonals gehören seit-her zu den innerkirchlichen Angelegenheiten (vgl. ebd. S. 121ff.). Darüber hin-aus erklärt das SchulG in BW neben den freiheitlich-demokratischen auch die christlich-abendländischen Werte zur Grundlage des Erziehungs- und Bildungs-auftrags. Diesem liegt wie in allen Bundesländern die Überzeugung zu Grunde, dass eine pluralistische Gesellschaft nur dann auf Dauer Bestand haben kann, wenn ihre Mitglieder gemeinsame Überzeugungen teilen (vgl. Gayer/Reip 2012, S. 15f.).

Laut § 41 SchulG obliegt der Schulleitung die Leitung und Verwaltung der Schule. Zu ihren Aufgaben gehören daher in erster Linie die Verteilung der Lehraufträge, die Aufstellung von Stundenplänen sowie die Anwendung ihrer Weisungsbefugnis gegenüber den Lehrkräften. Sie ist damit nicht für nur die

Personalführung verantwortlich, sondern auch für die pädagogische Leitung, deren Ziel es ist, die Einhaltung der Bildungspläne zu gewährleisten (vgl. ebd., S. 52ff.). Außerdem übt sie das Hausrecht im Schulgebäude aus und beaufsichtigt die Verwaltungsangestellten, die vom Schulträger gestellt werden, wie bspw. das Sekretariat und die Hausverwaltung. Des Weiteren vertritt sie die Schule nach außen, um ihre Beziehungen zu den Erziehungsberechtigten, der Schulverwaltung, dem Träger und den Medien, eventuell auch den Kirchen, den Ausbildungsbetrieben oder den Einrichtungen der Jugendhilfe zu pflegen (vgl. Philologenverband 2011, S. 301). Nach § 90 SchulG stellt die Schulleitung außerdem die höchste pädagogische Instanz innerhalb der Schule dar, so dass sie in Konfliktfällen von den Betroffenen oftmals zu Rate gezogen wird oder sich die Entscheidung über notwendige Maßnahmen gar selbst vorbehält (vgl. ebd., S. 326f.)[17]. Gegenüber der Lehrerschaft nimmt die Verwaltungsvorschrift vom 21. Juli 2000 die Schulleitungen im Rahmen des Qualitätsmanagements an öffentlichen Schulen in BW explizit in die Pflicht, „mit den Lehrkräften [ihrer] Schule in regelmäßigen Abständen Beratungsgespräche" (ebd., S. 525) zu führen, in denen neben der Unterrichtsgestaltung auch die Fortbildungsplanung sowie die individuelle berufliche Entwicklung zu erörtern sind, um die Mitarbeiter in ihrem pädagogischen Wirken zu bestätigen, ihre Leistungsfähigkeit zu fördern und ihnen Verbesserungsmöglichkeiten aufzuzeigen, also sie letztlich zur Teilhabe an Entwicklungsprozessen zu motivieren. Eine andere Verwaltungsvorschrift aus dem Jahr 2006 (vgl. ebd., S. 600ff.) unterscheidet in diesem Zusammenhang zwischen zwei Arten von Lehrerfortbildungen. Während schulexterne von Berufsverbänden, Hochschulen, Akademien oder anderen freien Trägern angeboten werden, organisiert die Schule interne Weiterbildungsmaßnahmen selbst[18]. Um diesen Fortgang der Qualitätssicherung und –entwicklung der Schule und ihres Bildungsangebots zu dokumentieren, gilt seit 2006 für alle öffentliche Schulen die Pflicht zur Selbst- und Fremdevaluation, von der letztere in regelmäßigen Abständen vom Landesinstitut für Schulentwicklung durchgeführt wird (vgl. ebd., S. 373f.). Darüber hinaus erstellt die Schulleitung bei Bedarf (Ende der Probezeit, Bewerbung auf Funktionsstelle, Dienstbericht, Leistungsfeststellung) dienstliche Beurteilungen über die Lehrkräfte, mittels derer die übergeordneten Behörden anschließend jedoch ohne Beteiligung der Schulleitung entsprechende Maßnahmen vornehmen (vgl. ebd., S. 524ff. und 560ff.).

---

[17] Vgl. Roth 2013b, S. 4.

[18] Nach Roth 2013b, S. 4ff.

Ähnliches gilt für die Einstellung von Lehrkräften. Mittlerweile können die Schulen zwar in Abstimmung mit der oberen Schulaufsichtsbehörde schulbezogene Stellen ausschreiben, Bewerbergespräche durchführen und entsprechende Besetzungswünsche äußern, die endgültige und alleinige Entscheidung obliegt jedoch dem zuständigen Regierungspräsidium (vgl. ebd., S. 648ff.). Neben diesen vielfältigen Verwaltungsaufgaben muss ein Schulleiter zudem als Lehrkraft mit einer Mindestunterrichtsverpflichtung von vier Deputats-stunden tätig sein (vgl. Gayer/Reip 2012, S. 52).

Den Lehrkräften wird durch das SchulG eine weitreichende pädagogische Freiheit eingeräumt. D.h. sie tragen nicht nur die unmittelbare Verantwortung für die Unterrichtsgestaltung, sondern genießen auch bei der Feststellung von Schülerleistungen einen relativ großen Spielraum. In diesen kann die Schulleitung nur dann eingreifen, wenn die Lehrperson gegen die entsprechenden Verwaltungsvorschriften verstößt. Die Interessen der Lehrerschaft werden innerhalb der Schule durch die Lehrerkonferenzen, die Gesamtlehrer- (GLK), die Klassen- und die Fachkonferenz, vertreten (vgl. ebd., S. 54ff.). Da alle Maßnahmen bezüglich der Unterrichts- und Erziehungsarbeit von der GLK, bei der der Schulleiter den Vorsitz innehat, beschlossen werden müssen, hat die Lehrerschaft die Möglichkeit, bei der Entwicklungsarbeit der Schule zu partizipieren (vgl. Albrecht 2013, S. 146f.). In diesem Zusammenhang spielt auch die Schulkonferenz eine wichtige Rolle, da sie der Schule nicht nur Anregungen und Empfehlungen geben kann, sondern u.a. auch zu schulorganisatorischen Beschlüssen der GLK gehört werden und bei wichtigen Angelegenheiten wie bspw. allgemeinen Fragen zu Klassenarbeiten sogar ihr Einverständnis geben muss. Sie setzt sich aus Vertretern der Eltern-, der Schüler- und Lehrerschaft zusammen, den Vorsitz hat die Schulleitung inne (vgl. Gayer/Reip 2012, S. 56f.).

3.3 Anwendung des orientierenden Rahmenmodells auf öffentliche Schulen in Baden-Württemberg

Wendet man nun das orientierende Rahmenmodell von Müller auf die öffentlichen Schulen in BW an, so kann man als Umweltsphären zu allererst das Land BW selbst ausmachen, das mit 15 weiteren Ländern der Bundesrepublik Deutschland und somit auch der Europäischen Union (EU) angehört. Die deutsche Bevölkerung des 21. Jahrhunderts ist eine pluralistische Informationsgesellschaft, die sich (allerdings mit stark abnehmender Tendenz) mit den beiden großen christlichen Kirchen identifiziert. Die Bundesrepublik Deutschland gehört zu den weltweit führenden Wirtschaftsnationen und besitzt eine florierende

Exportwirtschaft. Das Bundesland BW selbst weist neben zahlreichen landwirtschaftlichen Betrieben vor allem in der Hauptstadt einen großen Industriezweig auf. Die Ergebnisse der PISA-Studien haben seit der Jahrtausendwende mehrfach belegt, dass das deutsche Bildungssystem mit denen zahlreicher anderer Industrienationen nicht konkurrieren kann und die Bildungschancen der meisten Schüler von ihrer sozialen Herkunft abhängen. Das seit 2011 in BW regierende grün-rote Landeskabinett orientiert sich daher in seiner Schulpolitik an Ländern, die die neue Lernkultur praktizieren und damit nachweisbar große Erfolge erzielt haben.

Als die wichtigsten Anspruchsgruppen einer öffentlichen Schule in BW hat die Autorin alle anderen Schulen in BW, Eltern, Schüler, Kirchen, Jugendämter, die Bundesrepublik Deutschland, das Land BW sowie dessen Kultusverwaltung und die Kommunen, Lehrer, Verwaltungsangestellte und Kirchenmitarbeiter ausgemacht. Die Schulen stellen dabei im Hinblick auf die Interaktionsthemen die Konkurrenz dar, da sie untereinander um Schüler, Lehrer und öffentlich finanzielle Mittel im Wettbewerb stehen. Die Eltern übernehmen sowohl die Funktion eines Lieferanten als auch die eines Kunden. Weil sie darüber entscheiden können, welche Schule ihr Kind besucht, sind sie diejenigen, die den Schulen die Schüler als „Ressource" zur Verfügung stellen, gleichzeig aber auch eine entsprechende Erwartungshaltung bezüglich der Erziehung und Ausbildung der Kinder an die Führungspersonen einer Schule formulieren. Ähnliches gilt für die Schüler selbst: Da ihr Bildungserfolg u.a. von ihrer Mitarbeit abhängig ist, sind sie zum einen Lieferanten, zum anderen aber auch Kunden der Schule, von der sie sich eine optimale Vorbereitung auf ihr künftiges Arbeits- und Privatleben erhoffen. Zu den Lieferanten lassen sich zudem die Kirchen und Jugendämter, der Schulträger und die Kultusverwaltung zählen. Sie alle stellen den Schulen Personal zur Verfügung, während der Schulträger darüber hinaus für den Unterhalt des Schulgebäudes und dessen Einrichtung aufkommt und die Kultusverwaltung mit ihren Verordnungen, Vorschriften und Erlassen den rechtlichen Rahmen des Schulbetriebs vorgibt. In der Position des Staates sieht die Autorin die EU, die Bundesrepublik Deutschland, das Land BW sowie die jeweiligen Kommunen, deren allgemeine und schulspezifische Gesetzgebung, also das Grundgesetz genauso wie der Erziehungs- und Bildungsauftrag, für die Schulen bindend sind. Da eine öffentliche Schule gesamtgesellschaftliche Interessen wahrnimmt, können an dieser Stelle nicht alle NGOs benannt werden. Hervorzuheben sind jedoch aufgrund ihrer besonderen Rechtsstellung die Kirchen und Jugendämter. Mitarbeiter einer Schule sind Lehrer, Verwaltungsangestellte und

Kirchenvertreter, bei Bedarf auch Mitarbeiter der Jugendämter. Neben den Eltern und Schülern sind zudem die Arbeitsmärkte in BW, in ganz Deutschland und der EU, aber auch letztendlich deren Bewohner als Kunden auszumachen, denn schließlich tragen erfolgreich in die Arbeitswelt vermittelte Schulabgänger zum jeweiligen Bruttosozialprodukt bei, anstatt die Solidargemeinschaft zu belasten. Kapitalgeber der öffentlichen Schulen sind im Hinblick auf das Schulgebäude selbst der Schulträger, hinsichtlich der Finanzierung von Lehrkräften die oberste Schulaufsichtsbehörde und die Kirchen. Neben den bereits genannten Interaktionsthemen sind außerdem die christlich-abendländischen Werte sowie die freiheitlich-demokratische Grundordnung zu benennen, zumal sie im Schulgesetz explizit aufgeführt werden.

Die Führungsprozesse einer Schule lassen sich in zwei große Kategorien, die Schulverwaltung und die pädagogische Leitung, unterteilen, die jedoch nicht voneinander getrennt betrachtet werden können. So liegen bspw. der Verteilung von Lehraufträgen, dem Erstellen der Stundenpläne und der Formulierung dienstlicher Beurteilungen sowohl verwaltungstechnische als auch pädagogische Entscheidungen zugrunde. Die Gestaltung der Geschäftsprozesse, also der Bildungsgänge an sich, obliegt in weiten Teilen (Zielsetzung, Planung, Durchführung und Kontrolle) den einzelnen Lehrkräften. Führungspersonen einer Schule können die pädagogische Freiheit ihrer Mitarbeiter lediglich durch Richtlinien in Form eines Leitbildes bzw. Schulprogramms oder verbindliche Vereinbarungen der GLK einschränken. Zu den Unterstützungsprozessen einer Schule gehören neben der Personalarbeit (bspw. Bewerber- und Beratungsgespräche) die juristische Beratung der Lehrkräfte durch den Schulleiter, die Repräsentation der Schule nach außen sowie die Planung, Gestaltung, Durchführung und Evaluation von internen Lehrerfortbildungen.

Das bereits erwähnte Leitbild sowie das Schulprogramm erfüllen innerhalb des SchulMa die Funktion einer Strategie, von der die Organisation des Schullebens, also die Struktur der Bildungseinrichtung, beeinflusst wird. Die Kultur eine Schule wird von den Beziehungen aller am Schulleben Beteiligten getragen (vgl. Dubs 2005., S. 25-34). In diesem Zusammenhang muss das Augenmerk hauptsächlich auf die Schüler-Lehrer-Beziehung, aber eben auch auf die der Lehrkräfte untereinander, die der Schulleitung zum Kollegium sowie die der Schule zum Elternhaus und letztendlich auch zum Schulträger und der Kultusverwaltung gerichtet werden.

Wie alle Unternehmen sind auch Schulen darauf angewiesen sich stetig weiterzuentwickeln. Die rechtliche Vorgabe zur Durchführung von Selbst- und Fremdevaluationen, aber auch die regelmäßig durchzuführenden Beurteilungen der Lehrkräfte durch die Schulleitung sind darauf ausgerichtet, die Schulen wie auch die einzelnen Lehrpersonen zur Optimierung ihres Bildungsangebotes anzuregen. Viele Schulen nehmen aber auch bspw. Ergebnisse von Fremdevaluationen oder die Einführung neuer Schularten zum Anlass, ihr Schulprogramm mittels Beschlüssen der GLK komplett zu erneuern.

Hinsichtlich des BPM haben die Schulen somit zwar die Möglichkeit, eigene Visionen und Leitbilder zu entwickeln, bei der Programmgestaltung werden sie jedoch massiv von den Schulaufsichtsbehörden beeinträchtigt. Da sich das Land BW mit dem Erziehungs- und Bildungsauftrag an die Schulen die inhaltliche Gestaltung der Bildungsprozesse vorbehält, kann das SchulMa nicht vom vorgegebenen Bildungsplan abweichen, sondern ihn lediglich marginal ergänzen. Aus diesem Grund finden an den Schulen in der Regel auch keine Bedarfsanalysen statt. Bezüglich der Organisation von Unterrichtsveranstaltungen haben die Schulleiter allerdings in vielen Bereichen wie bspw. bei der Verteilung von Lehraufträgen und der Erstellung von Stundenplänen genauso wie die Lehrkräfte bei der methodischen Gestaltung ihres Unterrichts freie Hand. Bei der Durchführung von Prüfungen sind ihnen jedoch durch die Notenbildungsverordnung (NotenVO) des Kultusministeriums Grenzen gesetzt (vgl. 4.3). Transfermanagement, Evaluation und Programmrevision auf der Ebene der einzelnen Unterrichtsveranstaltungen obliegen den Lehrkräften selbst. Im Hinblick auf das Bildungsangebot der gesamten Schule greifen die Schulaufsichtsbehörden mittels Fremdevaluationen jedoch wiederum in das BPM einer öffentlichen Schule in BW ein.

3.4 Spannungs- und Tätigkeitsfelder des Schulmanagements in Baden-Württemberg

Wie im betrieblichen Management ist es auch die Aufgabe der Schulleitung, den Bestand der ihr anvertrauten Organisation zu sichern und ihre Wettbewerbsfähigkeit zu erhalten. Im Vergleich zu Wirtschaftsunternehmen oder nicht-staatlichen Bildungsinstitutionen wird eine öffentliche Schule aufgrund ihres besonderen Rechtsstatus jedoch derart massiv von außen beeinflusst, so dass die Handlungsschwerpunkte des Managements - Zielsetzung, Planung, Umsetzung und Kontrolle - in vielen Bereichen nicht in der Verantwortung und damit auch nicht im Einflussbereich ihrer Führungspersonen liegen. Hervorzuheben ist dabei zum einen die Rolle der Kirche, die nicht nur bei Entscheidungen über die Gestaltung des Religionsunterrichts und die Besetzung der dafür notwendigen

Stellen die Schulleitung außen vor lässt, sondern zudem die Werte vorgibt, nach denen diese den Schulalltag auszurichten hat. Eine weitere Einschränkung des SchulMa bedeutet die rechtlich verankerte zwingende Partizipation der Schüler, der Eltern und des Lehrerkollegiums an der Schulentwicklung, zumal sich die Beziehung der Genannten untereinander oftmals konfliktreich und sich somit der Einigungsprozess schwierig gestaltet. Im Gegensatz zu anderen Bildungsinstitutionen ist eine öffentliche Schule außerdem aufgrund des Fehlens eigener Einkünfte vom Schulträger bzw. der Kultusverwaltung stets finanziell abhängig, was den Gestaltungsspielraum ihres Managements stark einschränkt. Hinsichtlich des BPM kann eine Schulleitung lediglich die Formulierung eines Leitbildes oder die Ausarbeitung eines Schulprogramms in Zusammenarbeit mit den Schüler-, Eltern- und Lehrervertretungen initiieren. Die Bedarfsanalyse, wenn sie überhaupt stattfindet, obliegt – genauso wie die Programmgestaltung durch die Vorgaben des Bildungsplans – der Kultusverwaltung. Den Rahmen der Veranstaltungen können die Führungspersonen zwar durch die Einführung bestimmter Organisationsstrukturen selbst setzen, das eigentliche Unterrichtsgeschehen liegt jedoch in der alleinigen Verantwortung der Lehrkraft, so dass die Schulleitung auch hier zunächst keinen unmittelbaren Einfluss ausüben kann. Ähnlich verhält es sich mit den Prüfungen: Den rechtlichen Rahmen setzt die Kultusverwaltung mit der NotenVO, die Umsetzung obliegt den Lehrern. Die Führungspersonen können hier lediglich aktiv werden, wenn gegen die Vorgaben verstoßen wird. Eine Möglichkeit zur didaktisch-methodischen Mitgestaltung der Leistungsmessungen und –beurteilungen durch das SchulMa ist nur über entsprechende Beschlüsse der GLK und die Zustimmung der Schulkonferenz möglich. Das Transfermanagement, die Evaluation sowie die Programmrevision auf Unterrichtsebene liegen ebenfalls in der Verantwortung der jeweiligen Lehrkraft.

Somit wird offensichtlich, dass den öffentlichen Schulen wichtige Voraussetzungen für ein effektives und effizientes Management fehlen: Es ist vom Gesetzgeber nicht vorgesehen, dass Führungspersonen an Schulen ihr Bildungsangebot den sich ständig verändernden Umweltbedingungen eigenständig anpassen. Solche Prozesse finden in der Kultusverwaltung statt und gestalten sich in der Regel recht langwierig. Außerdem können die Schulleitungen über die finanziellen Mittel der Schule nicht selbst verfügen, so dass notwendige Investitionen in die Räumlichkeiten, die Ausstattung oder das Personal oftmals nicht dem Bedarf des angestrebten Bildungsangebots entsprechen, sich verzögern und in manchen Fällen sogar ganz ausbleiben. Das sowie die oben skizzierten Eingriffe von außen in die Managementtätigkeiten der Führungskräfte vor Ort machen es diesen in vielen maßgeblichen Bereichen beinahe unmöglich, die komplexen Prozesse an den Schulen zu steuern oder gar aufeinander abzustimmen.

Steuerung innerhalb einer öffentlichen Schule muss daher auf anderen Wegen stattfinden, als dies in anderen Unternehmen der Fall ist. Die vordergründige Aufgabe einer Schulleitung nach außen ist es, zwischen den Anspruchsgruppen regelmäßig einen Interessensausgleich zu initiieren (vgl. Dubs 2005, S. 25), um der Schule die für ihre Bildungsarbeit notwendigen materiellen und personellen Ressourcen zu sichern (vgl. Seitz/Capaul, S. 32). Damit die Bildungsarbeit innerhalb der Schule auf eine gemeinsame Grundlage gestellt und den Lehrkräften eine Orientierung für die tägliche Unterrichtsgestaltung gegeben werden kann, sollten im Rahmen eines Leitbildes oder Schulprogramms unter Berücksichtigung der Interessen aller Beteiligten gemeinsame Wert- und Zielvorstellungen formuliert werden (vgl. ebd., S. 38)[19]. Um den vielseitigen Ansprüchen gerecht werden zu können, sind laut Dubs (vgl. Dubs 2005, S. 333) von Seiten der Schulleitung sowohl ein guter Informationsfluss als auch interpersonelle Kontakte unbedingt erforderlich. Auf diese Weise kann gegenseitiges Vertrauen geschaffen und so ein unverzichtbares Fundament für eine erfolgreiche Zusammenarbeit gelegt werden[20].

---

[19] Vgl. Roth 2013a, S. 9f.

[20] Vgl. Roth 2013b, S. 5.

4 Die Gestaltung und Durchführung von Leistungsmessungen und -beurteilungen als Gegenstand des Schulmanagements in Baden-Württemberg

4.1 Die Bedeutung von Leistungsmessungen und -beurteilungen

„In den letzten beiden Jahrhunderten sind [durch die fortschreitende] Demokratisierung die individuellen Lernerfolge zunehmend wichtiger für den persönlichen Aufstieg geworden" (Ingenkamp 1997, S. 19). Entscheidend für den Erwerb von Führungspositionen, Ämtern und anderen wichtigen Stellen in aufgeklärten Gesellschaften ist nicht mehr die Zugehörigkeit zu einem bestimmten Stand, wie dem Adel oder Klerus im Mittelalter, sondern die Nachweisbarkeit erworbener Qualifikationen (vgl. ebd.). Für moderne Staaten, deren Ziel es sein muss, ihre politische, wirtschaftliche und gesellschaftliche Funktionsfähigkeit zu erhalten, stellen Leistungsmessungen und -beurteilungen daher insofern unverzichtbare Instrumente dar, als dass diese es ihnen ermöglichen, maßgebliche Positionen mit den durch ihre Ausbildung dafür geeigneten Personen zu besetzen (vgl. Freytag 2003, S. 19).

In demokratischen Bildungssystemen markieren Leistungserhebungen deshalb „Eintritt und Austritt [...] in [...] Bildungseinrichtungen oder [Übergänge] in die berufliche Ausbildung [sowie] Abschlüsse von Bildungsgängen" (Tenorth 2005, S. 13) und erfüllen dabei verschiedene Funktionen. So steigert eine anstehende Prüfung in der Regel die Lernleistung des Prüflings (Motivationsfunktion) besonders dann, wenn es sich um eine Leistungserhebung handelt, mit der eine Auswahl unter den Teilnehmern vorgenommen wird (Selektionsfunktion). Anhand der Ergebnisse lassen sich wiederum Aussagen darüber treffen, welche Leistungen beispielsweise beim Übergang in eine neue Bildungseinrichtung von der geprüften Person in Zukunft zu erwarten sind (Prognosefunktion). Durch das Bestehen einer Abschlussprüfung erhält der Absolvent mit einem Zertifikat einen schriftlichen Nachweis seiner Fähigkeiten (Qualifikationsfunktion), durch den er Zugang zu bestimmten Tätigkeitsfeldern (Legitimationsfunktion) erhält (vgl. Schlieb 2008, S. 4). So orientieren sich bspw. Unternehmen an den Prüfungsergebnissen der Bewerber (vgl. ebd., S. 23), um feststellen zu können, inwieweit sie „über die für den zu besetzenden Arbeitsplatz erforderlichen Qualifikationen verfüg[en]" (Freytag 2003, S. 14).

Innerhalb des Lernprozesses dienen Leistungskontrollen in der Regel zeitgleich verschiedenen Zwecken. So wird eine Prüfung meist vordergründig als Leistungsbeurteilung zur Ermittlung von Noten eingesetzt, als Erfolgskontrolle und -sicherung verfolgt sie jedoch auch pädagogische Ziele. Eine Lernerfolgskontrolle gibt sowohl dem Lehrenden als auch dem Lernenden Auskunft über dessen Leistungsstand. Anhand der Ergebnisse kann der Schüler die Effektivität seiner Lernaktivitäten überprüfen, während der Lehrer einen Überblick über mögliche noch zu schließende „Lücken" seiner Lerngruppe erhält. Eine Leistungserhebung animiert zudem den Lernenden, die Prüfungsinhalte zu wiederholen, einzuüben, zusammenzufassen und anzuwenden, wodurch das Gelernte gefestigt und im Idealfall nachhaltig gesichert wird (vgl. Ott 2007, S. 228ff.)[21].

4.2 Richtlinien zur Gestaltung und Durchführung schulischer Leistungsmessungen und -beurteilungen

„Schulleistungsmessungen sollen in erster Linie erfassen, welchen Umfang, welches Niveau und welche Qualität an Wissen, Fertigkeiten, Einsichten, Wertehaltungen, Kompetenzen etc. ein Schüler in einem bestimmten Sach- oder Lebensbereich erworben hat. Voraussetzung für [ihre] Messung [...] ist, dass diese sich in beobachtbarem Verhalten (sprachliche Äußerungen, Aufgabenbearbeitungen) manifestieren" (Heller/Hany 2002, S. 89f.). Damit eine solche Leistungserhebung aussagekräftig sein kann, müssen die Messverfahren vor allem die drei Gütekriterien, Objektivität, Reliabilität sowie Validität erfüllen (vgl. Hauer 2011, S. 10-5). Unter dem Aspekt der Objektivität ist in diesem Kontext zu verstehen, dass die Leistungsmessung und –beurteilung unabhängig von der Person des Prüfers erfolgt. So sollten während der Prüfung alle Teilnehmer dieselben Bedingungen (wie zum Beispiel zugelassene Hilfsmittel, Prüfungsdauer etc.) vorfinden und die Vorgaben zur Leistungsbewertung (Erwartungshorizont, Notenschlüssel) bei allen gleich angewendet werden. Damit soll der Einfluss subjektiver Wahrnehmungen von Seiten des Prüfers auf die Beurteilung weitestgehend ausgeschlossen werden. Reliabel und valide ist eine Prüfung dann, wenn sie möglichst präzise das misst, was sie zu messen vorgibt (vgl. Ingenkamp 1997, S. 34ff.). D.h. die Leistungserhebung sollte nicht von der Wahl des Messinstrumentes oder sonstigen Bedingungen abhängen und „genau dasjenige Schülermerkmal erfassen, das es zu erfassen beansprucht" (Heller/Hany 2002, S. 91).

Der Prozess der Prüfungskonzeption gliedert sich laut Sacher in die folgenden aufeinander aufbauenden Schritte (vgl. Sacher 1996, S. 114):

---

[21] Vgl. Roth 2012, S. 39ff.

1. Auswahl der Prüfungsinhalte
2. Auswahl der Prüfungsform
3. Auswahl der Aufgabenformen
4. Festsetzen des Anforderungsniveaus
5. Bestimmen des Aufgaben- und Prüfungsumfangs
6. Formulierung der Aufgaben
7. Anordnung der Aufgaben
8. Planung der Prüfungssituation
9. Ausarbeiten einer Musterlösung
10. endgültiges Bewerten der Leistung
11. Handlungskonsequenzen

Bei der Auswahl der Prüfungsthemen sollte berücksichtigt werden, welche Bedeutung sie für das Fach haben, mit welcher Intensität sie im Unterricht behandelt wurden und inwiefern sie für folgende Lehrveranstaltungen und/oder die Praxis relevant sind. Die an die Teilnehmer gestellten Anforderungen sollten dabei in etwa dem Arbeitsniveau des Unterrichts entsprechen (vgl. Hauer 2011, S. 10-6). Für die methodische Gestaltung stehen drei Formen zur Verfügung, die nach ihrer äußeren Erscheinung benannt sind. Die schriftliche Prüfung erfordert das geschriebene, die mündliche hingegen das gesprochene Wort. Bei der praktischen werden von Lernenden hergestellte Werke oder Produkte bewertet (vgl. Freytag 2003, S. 49).

Die Bewertung von Prüfungsleistungen erfordert den Vergleich. So sollte man die Ergebnisse eines Prüflings entweder an vorgegebenen Lernzielen messen (sachliche Bezugsnorm), sie in Relation zu seinen eigenen Lernzielen oder früheren Leistungen setzen (individuelle Bezugsnorm) oder sie denen der anderen Prüfungsteilnehmer (soziale Bezugsnorm) gegenüberstellen (vgl. Ingenkamp 1997, S. 44)[22]. Welche Bezugsnorm jedoch im Einzelfall zu wählen ist, hängt davon ab, inwiefern sie umsetzbar bzw. mit den jeweiligen übergreifenden Erziehungszielen kompatibel ist und den Erwartungen der Schulgemeinschaft bzw. der Gesellschaft im Allgemeinen entspricht (vgl. Sacher 1996, S. 45f.). Hinsichtlich der Ausarbeitung eines Benotungsmodells ist darauf zu achten, dass es logisch und mit der gewählten Bezugsnorm vereinbar ist, gleichzeitig aber auch die nötige Objektivität und Flexibilität gewährleistet sowie die Auswirkungen möglicher Messfehler minimiert (vgl. ebd. S. 79ff.).

---

[22] Vgl. Roth 2012, S. 39ff.

4.3 Die Notenbildungsverordnung des Landes Baden-Württemberg

Die NotenVO des Kultusministeriums bildet den rechtlichen Rahmen für die
Gestaltung und Durchführung schulischer Leistungsmessungen und –
beurteilungen in BW. Sie betont in ihren Vorbemerkungen, dass sie für die
Lehrkräfte auch in diesem Bereich entsprechend ihrer pädagogischen Freiheit
einen pädagogischen Beurteilungsspielraum vorsieht, in den lediglich unter bestimmten Voraussetzungen Schulleitung, Schulaufsicht und Gerichte eingreifen
können (vgl. Gayer/Reip 2012, S. 109). Daher seien die Regelungen der Noten-
VO bezüglich der Leistungsbeurteilungen auf ein Mindestmaß beschränkt.

Auf der Grundlage des gemeinsamen Erziehungsauftrags von Elternhaus und
Schule sieht die NotenVO auch bei Leistungsmessungen und –beurteilungen die
Notwendigkeit der Beratung gegeben. Deshalb müssen entsprechende Fragen
soweit sie die gesamte Schule betreffen in der Schulkonferenz, insofern sie eine
ganze Klasse betreffen in der Klassenpflegschaft angesprochen und diskutiert
werden. Die NotenVO räumt der GLK die Möglichkeit ein, die darin enthalte-
nen Regelungen durch eigene, schulspezifische Beschlüsse zu ergänzen, sofern
sie den gesetzlichen Vorgaben nicht widersprechen. In einem solchen Fall ist
sogar die Zustimmung der Schulkonferenz erforderlich (vgl. ebd., S. 404ff.).
„Soweit jedoch die NotenVO eine Entscheidung ausdrücklich dem unterrichten-
den Lehrer zugewiesen hat, [können weder] die GLK [noch die Elternvertretun-
gen] verbindliche Festlegung treffen [, sondern] lediglich Empfehlungen abge-
ben" (Gayer/Reip 2012, S. 110f.).

„Für jedes Schuljahr erhalten die Schüler […] ein Zeugnis über ihre Leistungen
in den einzelnen Unterrichtsfächern" (Philologenverband, S. 406). Um den Lernenden und ihren Erziehungsberechtigten frühzeitig eine Tendenz über die Leis-
tungsentwicklung mitteilen zu können, wird den Schülern außerdem zum Schul-
halbjahr eine dem Zeugnis formal weitestgehend entsprechende Halbjahresin-
formation ausgestellt. Grundsätzlich muss die Notengebung dabei alle bis dahin
im Schuljahr erbrachten Leistungen berücksichtigen und sich bei deren Zuordnung zu einer der sechs Notenstufen an den vom Bildungsplan festgelegten Anforderungen orientieren. Somit darf sich ein Zeugnis oder eine Halbjahresinfor-
mation immer nur nach sachlichen, nicht jedoch individuellen oder sozialen Bezugsnormen ausrichten (vgl. Gayer/Reip 2012, S. 111).

Auch wenn sie die Leistungsmessungen und –beurteilungen weitestgehend eigenständig gestalten, so sind die Lehrkräfte trotzdem oder vielmehr gerade deshalb bezüglich ihrer Notengebung zur Transparenz verpflichtet. Um den rechtli-

chen Vorgaben zu entsprechen, müssen sie daher zu Beginn des Schuljahres sowohl gegenüber den Schülern als auch deren Erziehungsberechtigten bekannt geben, wie sie die verschiedenen Leistungen im Verlauf des Schuljahres gewichten werden. Die Kriterien zur Bewertung der Ergebnisse der Leistungsmessungen haben sie den Schülern in jedem Fall, den Eltern auf Anfrage mitzuteilen. Zudem haben die Lernenden genauso wie deren Erziehungsberechtige jederzeit das Recht auf eine Einschätzung des aktuellen Leistungsstandes von Seiten der Lehrkraft (vgl. ebd., S. 112).

Die NotenVO unterscheidet zwischen schriftlichen und mündlichen Leistungsmessungen. Erstere umfassen Klassenarbeiten, Vokabeltests, Hausaufgaben sowie Wiederholungsarbeiten von maximal 20-minütiger Dauer. Es wird ausdrücklich betont, dass Klassenarbeiten gleichmäßig auf das ganze Schuljahr verteilt und in einer Lerngruppe nicht mehr als eine am Tag geschrieben werden sollen. Außerdem darf in ein und demselben Fach erst dann die nächste durchgeführt werden, wenn die vorherige bereits zurückgegeben und besprochen wurde. Auch die maximale Anzahl der Klassenarbeiten in den verschiedenen Unterrichtsfächern wird von der NotenVO vorgeschrieben. Neben dem von Fachlehrer zu gestaltenden und durchzuführenden schriftlichen Leistungserhebungen sind in den Klassen 7 und 9 der Realschulen und Gymnasien außerdem Vergleichsarbeiten anberaumt. Deren Aufgaben und Bewertungsmaßstäbe gibt das Landesinstitut für Schulentwicklung landesweit vor. Eine Benotung der Ergebnisse findet nicht statt, sodass diese auch keine Auswirkung auf die Zeugnisnoten haben (vgl. ebd., S. 114f).

Mit der mündlichen Note wird die Qualität der Unterrichtsbeiträge des Schülers bewertet. Die NotenVO betont dabei ausdrücklich, dass die Quantität der Schülerbeiträge hingegen bei der Feststellung der Mitarbeitsnote zu berücksichtigen ist. Bei der Ermittlung der mündlichen Leistung eines Schülers ist jedem Lehrer die Wahl zwischen punktuellen Einzelprüfungen oder der Vergabe einer Eindrucksnote selbst überlassen. Allerdings muss er die Note in jedem Fall nachvollziehbar begründen können (vgl. ebd., S. 116).

Auf die Problematik bei der Feststellung von Einzelleistungen in einer Gruppe geht die NotenVO nicht ein. Nach Einschätzung von Gayer/Reip muss jedoch auch bei kollektiv erbrachten Prüfungsergebnissen die vom einzelnen Schüler erbrachte Leistung „deutlich abgrenzbar und zuverlässig bewertbar sein" (ebd., S. 120). Ihrer Ansicht nach hat die Lehrkraft daher bereits bei der Aufgabenstellung an die Gruppe diesen Aspekt zu berücksichtigen (vgl. ebd.).

4.4 Spannungs- und Tätigkeitsfelder des Schulmanagements in Baden-Württemberg bei der Gestaltung und Durchführung von Leistungsmessungen und -beurteilungen

Da die NotenVO die Verantwortung für die Gestaltung und Durchführung von Leistungsmessungen und -beurteilungen weitestgehend in die alleinige Verantwortung der Lehrkräfte legt, kann die Schulleitung hierauf lediglich im Rahmen ihrer Fachaufsicht Einfluss nehmen, indem sie die Einhaltung der für die Notengebung allgemein gültigen Grundsätze überwacht (vgl. ebd., S. 109). Dies birgt die Gefahr von Konflikten zwischen Lehrenden, Lernenden und deren Erziehungsberechtigten, der man von Seiten des SchulMa mit entsprechenden Maßnahmen zum wechselseitigen kommunikativen Austausch begegnen sollte, um so die für eine zukunftsfähige Schulgemeinschaft zuträgliche Transparenz zu schaffen.

Der Beurteilungsspielraum der einzelnen Lehrkraft kann außerdem die Vereinheitlichung von Leistungsmessungen und -beurteilungen bspw. zur Anpassung an das Schulprogramm im Sinne eines stimmigen BPM erschweren. Hierfür räumt die Kultusverwaltung den Schulen die Möglichkeit ein, mittels Beschlüssen der GLK die gültige NotenVO schulspezifisch zu ergänzen. In einem solchen Fall wären die Führungspersonen nach Dubs gefordert, einen Interessensausgleich zwischen Schulleitung, Lehrerkollegium, Schülern und Eltern zu initiieren, um zunächst die Mehrheit der GLK und danach die der Schulkonferenz für ihr Vorhaben zu gewinnen. Auch hier steht das SchulMa vor der Herausforderung, für die notwendige interpersonelle Kommunikation und Transparenz zu sorgen. Einschlägige Beispiele aus der Praxis haben gezeigt, dass eine eigenmächtige Vorgehensweise von Seiten der Schulleitung sich eher kontraproduktiv auswirkt, da den jeweiligen Anträgen in der GLK oder spätestens in der Schulkonferenz die Zustimmung oftmals verweigert wurde. Vielmehr gilt es also für die Schulleiter, Überzeugungsarbeit zu leisten, damit nicht nur die Entscheidungs- und Beschlussfindung in den Konferenzen erleichtert wird, sondern anschließend auch alle Beteiligten hinter den vorgenommenen Änderungen stehen und sie mit Leben füllen.

5 Die Herausforderungen des Schulmanagements bei der Gestaltung und Durchführung von Leistungsmessungen und -beurteilungen im Rahmen der neuen Lernkultur

5.1 Merkmale und Methoden kompetenzorientierten Prüfens

Kompetenzorientierte Formen der Leistungsmessung und –beurteilung werden der neuen Lernkultur insofern gerechter als die bislang üblichen Verfahren, als dass sie über den rein fachlichen Aspekt hinausgehen und verstärkt auf die Ermittlung von Methoden-, Sozial- und Personalkompetenz ausgerichtet sind. Außerdem legen sie größeren Wert auf kollektiv erbrachte Leistungen sowie die Eigenständigkeit des Lernenden und dessen Reflexion der verschiedenen Phasen seines Lernprozesses. Anders als bei herkömmlichen Leistungsmessungen kann und soll der Schüler außerdem sowohl bei den hierfür notwendigen Entscheidungen im Vorfeld als auch dem Beurteilungsverfahren partizipieren dürfen, damit seine Urteilsfähigkeit geschult wird (vgl. Lehner 2009, S. 162 und Winter 2006, S. 6ff.). Da es bisher allerdings an ausgereiften und bewährten Konzepten für die pädagogische Diagnostik im Rahmen der neuen Lernkultur mangelt, sieht Winter die Notwendigkeit, solche an den Schulen in BW zu entwickeln (vgl. Winter 2006, S. 1). Bohl weist in diesem Zusammenhang vor allem in Richtung der Gruppenarbeiten im projektorientierten Unterricht und der freien Unterrichtsphasen, die seiner Meinung nach den Schülern zahlreiche und verschiedenartige Gelegenheiten einräumen, Performanz aufzuzeigen, die ein großes Kompetenzspektrum abdeckt (vgl. Bohl 2009, S. 44 und 89).

Im projektorientierten Unterricht bearbeiten Schülergruppen weitestgehend selbstständig komplexe Themen, indem sie dafür notwendige Arbeitsprozesse gemeinsam vorbereiten, durchführen und auswerten. Dabei können die Aufgaben der einzelnen Schüler wie auch die der Teams untereinander stark variieren. „Voraussetzung einer Bewertung ist jedoch, dass wiederkehrende Elemente und Phasen erkennbar sind, dass also eine Art `Verlaufslogik´ [...] vorhanden ist [, an der sich die Lernenden orientieren können.] Wenn eine Bewertung der Leistungen erfolgt, dann stellen die Bewertungskriterien für alle [...] Schüler Strukturierungspunkte dar, auch wenn die Bewertung im Einzelnen und die jeweiligen Indikatoren variieren" (ebd., S. 117). Um eine solche Verlaufsstruktur gewährleisten zu können, sollte zu Beginn von allen Teammitgliedern gemeinsam eine Projektskizze angefertigt werden, die nach Abschluss des Lernprozesses als Grundlage für die individuelle Reflexion bspw. in einem Arbeitsprozessbericht dienen kann. Eine Leistungsbeurteilung im projektorientierten Unterricht kann demnach anhand der Projektskizze und dem Arbeitsprozessbericht erfolgen oder auch durch die Bewertung des von der Gruppe erstellten Produkts bzw. dessen Präsentation (vgl. ebd., S. 117ff.).

Für die freien Unterrichtsphasen empfiehlt Bohl die Frei- und Wochenplanarbeit sowie das Stationenlernen. Im Rahmen der Freiarbeit darf der Schüler aus dem vorbereiteten Lernmaterialien selbstständig auswählen und diese bearbeiten. Er kann dabei das Unterrichtsfach, die Aufgaben, sein Arbeitstempo, die Sozialform und seinen Arbeitsort selbst bestimmten und seine Ergebnisse eigenverantwortlich kontrollieren. Anleitungen auf den Arbeitsblättern sowie vorab vereinbarte Regeln sorgen für die notwendige Strukturierung dieser Arbeitsweise (vgl. ebd., S. 111f.). „Ein Wochenplan ist in der Regel eine schriftlich fixierte Anleitung, die für einen bestimmten Zeitraum [...] bestimmte Aufgaben [vor]schreibt. Dabei folgt eine Aufteilung in Pflicht- und Wahlaufgaben. Die Pflichtaufgaben müssen in einem bestimmten Pensum erledigt werden, die Wahlaufgaben sind zusätzlich und freiwillig bearbeitbar" (ebd., S. 112). Im Vergleich zur Freiarbeit werden dem Schüler hier also die Inhalte seines Lernprozesses vorgegeben, er kann allerdings immer noch selbst über sein Arbeitstempo, die Sozialform, den Arbeitsort und die Reihenfolge der Aufgabenbearbeitung bestimmen. Das Stationenlernen nimmt in der Regel eine ganze Unterrichtseinheit in Anspruch. Der hierfür erforderliche Stoff wird in mehrere Aufgaben zergliedert und den Lernenden an verschiedenen Stationen zur Verfügung gestellt. Diese werden nach bestimmten Regeln durchlaufen, so dass sich die Schüler die Inhalte selbstständig aneignen (vgl. ebd.). Aufgrund ihrer langfristig angelegten Struktur eigenen sich die Frei- und Wochenplanarbeit genauso wie das Stationenlernen für eine systematische Unterrichtsbeobachtung durch die Lehrkraft, um vor allem die Methoden- und Sozialkompetenz des Schülers zu ermitteln (vgl. ebd., S. 115f.).

Bohl führt also die Projektskizze, den Arbeitsprozessbericht, die Produktbewertung, die Präsentation sowie die systematische Unterrichtsbeobachtung als Möglichkeiten zur kompetenzorientierten Leistungsmessung auf. Im Gegensatz zum Arbeitsprozessbericht haben jedoch die von allen Teammitgliedern gemeinsam erstellten Projektskizzen und Produkte den Nachteil, dass sie keinen Rückschluss auf die erbrachte Leistung des einzelnen Schülers zulassen, wie dies bei der Bewertung von der NotenVO gefordert wird. Bohl schlägt deshalb vor, entweder die Teammitglieder während oder nach Abschluss des Arbeitsprozesses sich gegenseitig benoten zu lassen oder tatsächlich eine Gruppennote zu vergeben, die dann im Hinblick auf die Endnote weniger stark gewichtet wird, als die individuellen Leistungsanteile (vgl. ebd., S. 106). Da sich eine Präsentation nicht mehrfach wiederholen lässt und damit die Gefahr besteht, dass die Bewertung aufgrund einer einseitigen Wahrnehmung subjektiv ausfällt, sollte vorab die Organisation dieses Leistungsmessungsverfahrens detailliert besprochen werden. So könnten bspw. standardisierte Bewertungsbögen eingesetzt, differenzierte Beobachtungsaufgaben an die Schüler im Plenum verteilt und vertiefende Fragen vorab vorbereitet werden. Die systematische Unterrichtsbeobachtung sollte aus demselben Grund mittels standardisierter Beobachtungsbögen und, sofern organisatorisch möglich, durch mehrere Lehrkräfte nicht punktuell, sondern über einen längeren Zeitraum, erfolgen, damit die erforderliche Objektivität gewährleistet werden kann.

Bohl rät den Schulen außerdem, den Erwerb und den Leistungsnachweis fächer- und jahrgangsübergreifender Kompetenzen über mehrere Schuljahre hinweg zu ermöglichen. Dafür sei jedoch eine langfristige Konzeption notwendig, bei der den Schülern bspw. entsprechende Bescheinigungen ausgestellt werden, die sie anschließend in einem Portfolio, das als Ergänzung des Zeugnisses dienen kann, zusammentragen. Diese Vorgehensweise setze jedoch voraus, dass vorab zumindest auf Fachbereichsebene detaillierte Vereinbarungen über die Organisation und die Anforderungen an den Erwerb einer Bescheinigung getroffen werden. Hinsichtlich der Partizipation der Lernenden bei der Leistungsbeurteilung nennt Bohl die Möglichkeiten der Schülerselbst- bzw. der Schülermitbewertung. Im ersten Fall wird die Leistung des Lernenden von ihm selbst, im zweiten von seinen Mitschülern beurteilt. Der Erziehungswissenschaftler betont jedoch, dass es in der Verantwortung der Lehrkraft liegt, zu beurteilen, inwieweit diese Verfahren im Einzelfall zur Notenfindung geeignet sind und empfiehlt auch hier den Einsatz standardisierter Bewertungsbögen (vgl. ebd., S. 121ff.). Eine andere Art der Einbeziehung könnte so aussehen, dass der Schüler selbst den Zeitpunkt seiner Klassenarbeiten bestimmen kann (vgl. Bohl 2013, S. 294). Grundsätzlich ist laut Bohl vor der Anwendung dieser neuen Formen der Leistungsmessung und -beurteilung eine Bewertungskonzeption zu erstellen, in der die Beurteilungskriterien, deren Gewichtung sowie die Art der Durchführung und Dokumentation schriftlich festgehalten werden. Auf diese Weise kann das Verfahren klar strukturiert und die Leistungsanforderungen innerhalb des Lehrerkollegiums sowie gegenüber den Schülern und Eltern unmissverständlich kommuniziert werden (vgl. Bohl 2009, S. 90ff.).

5.2 Die Rechtslage seit der Einführung der Gemeinschaftsschulen

Anlässlich der Einführung der GMS zum Schuljahr 2012/13 in BW wurde das SchulG im Mai 2012 geändert, um diesen Schulen den Einsatz neuer Formen des Lernens und Prüfens zu ermöglichen, sie gleichzeitig aber auch dazu zu verpflichten (vgl. Albrecht 2013, S. 149). Laut § 6 der Verordnung des Kultusministeriums über die Sekundarstufe I der GMS sollen dort entsprechend der neuen Lernkultur „differenzierte Beurteilungen über den individuellen Entwicklungs- und Leistungsstand" (Bohl 2013, S. 275) des Schülers erfolgen. Hierfür werden die Lehrkräfte dazu angehalten, regelmäßig Leistungsmessungen in schriftlicher, mündlicher und praktischer Form durchzuführen. Deren Beurteilungen sollen laut Verordnung `überwiegend´ anhand der gültigen Bildungsstandards vorgenommen werden. D.h. dass sich die Leistungsbewertung an den GMS nicht nur an sachlichen, sondern zudem auch an individuellen und sozialen Bezugsnormen orientieren kann und soll (vgl. ebd.). Zum Schulhalbjahr und Schuljahresende „erhalten die Schüler eine schriftliche Information über ihre Leistungen in den einzelnen Fächern und Fächerverbünden" (ebd.). Eine Vergabe von Noten hat lediglich auf Wunsch der Eltern zu erfolgen. Entsprechend der NotenVO muss also die Lehrkraft weiterhin auf Anfrage der Lernenden oder ihrer Erziehungsberechtigten Auskunft über den jeweiligen Leistungs- und Notenstand erteilen. Im Abschlussjahr des Schülers gelten für ihn die Vorgaben der allgemeinen NotenVO sowie die Abschlussprüfungsordnung des von ihm angestrebten Bildungsabschlusses.

Somit ist festzuhalten, dass an den GMS in BW der Fokus von der reinen Notenvergabe weg hin auf eine differenzierte Leistungsbeurteilung gelenkt wird, ohne dass jedoch die bisherige NotenVO außer Kraft gesetzt würde. Die Bewertung von Schülerleistungen an den GMS muss demnach auf zweifache Weise erfolgen: Zum einen mittels differenzierter Beurteilungen, auf Anfrage der Eltern und in den Abschlussklassen aber auch durch die Vergabe von Noten. Für alle anderen Schularten gilt diese Verordnung des Kultusministeriums nicht, so dass dort weiterhin eine herkömmliche Notenvergabe stattfindet, die sich ausschließlich an sachlichen Bezugsnormen orientiert (vgl. ebd., S. 275ff.).

5.3 Empfehlungen der Erziehungswissenschaft bezüglich der Gestaltung und Durchführung kompetenzorientierter Leistungsmessungen und beurteilung

Aufgrund der Verordnung des Kultusministeriums zur Leistungsbewertung an den GMS stehen die dortigen Lehrerkollegien vor der Herausforderung, nicht nur neue Instrumente zur Leistungsmessung, sondern auch Bewertungssysteme zu konzipieren, die sowohl eine differenzierte Beurteilung als auch deren Zuordnung zu den Notenstufen ermöglichen. Darüber hinaus sollten diese im Schulalltag praktikabel und für alle Beteiligten, also Lehrer, Schüler, Eltern und die Abnehmersysteme (weiterführende Schulen, Arbeitgeber etc.), gleichermaßen nachvollziehbar und aussagekräftig sein. Laut Bohl müssen dabei sowohl die unterschiedlichen Erwartungen des Arbeitsmarkts und des Schulsystems berücksichtigt als auch die verschiedenen Möglichkeiten zur schriftlichen Dokumentation von Schülerleistungen umfassend eruiert und diskutiert werden (vgl. ebd., S. 276ff.). Des Weiteren gilt es, im Hinblick auf den zugrunde liegenden Leistungsanspruch für die Bewertungen bspw. durch Niveaukonkretisierungen (vgl. Gnahs 2010, S. 50) sowie bei der Auswahl und Gewichtung summativer und formativer Leistungsmessungen[23] eine einheitliche Vorgehensweise zu vereinbaren (vgl. Bohl 2013, S. 276ff.).

Um die differenzierten Beurteilungen qualitativ hochwertig zu gestalten, ist nach Meinung Bohls bei diesen - im Sinne des BPM von Müller - eine Verbindung zur gesamten Unterrichts- bzw. Schulkonzeption herzustellen. In diesem Zusammenhang macht er vier Arbeitsbereiche aus: Zunächst sei eine Abstimmung der verschiedenen Formen der Leistungsmessung auf die Unterrichtskonzeption notwendig, bevor sich die Lehrerschaft auf eine einheitliche Art und Weise der Formulierung von Beurteilungen sowie eine gemeinsame Vorgehensweise zur Herstellung von Transparenz verständigen muss. Schließlich sollte ein Konsens hinsichtlich der Frage angestrebt werden, welche Funktion die Leistungsbewertung innerhalb des pädagogischen Konzepts der Schule einnehmen soll (vgl. ebd., S. 285ff.).

Da alle anderen Schularten in BW von der neuen Verordnung des Kultusministeriums nicht betroffen sind, besteht für sie im Moment keine unmittelbare Notwendigkeit, ihre Leistungsmessungen und –beurteilungen oder gar ihre Bewertungssysteme zu überarbeiten. Doch auch sie werden in Zukunft nicht umhin kommen, im Zuge der zunehmenden Heterogenität auch ihrer Lerngruppen ähnliche Entwicklungsprozesse in Gang zu setzen, wenn sie ihre Wettbewerbsfähigkeit langfristig erhalten wollen.

---

[23] Bohl führt in diesem Zusammenhang Lerntagebücher, Portfolios oder schriftliche Rückmeldungen als mögliche Instrumente auf, um die Schülerleistungen bereits während des Lernprozesses zu messen. (vgl. Bohl 2013, S. 276ff.).

5.4 Spannungs- und Tätigkeitsfelder des Schulmanagements in Baden-Württemberg hinsichtlich der Gestaltung und Durchführung kompetenzorientierter Leistungsmessungen und beurteilung

Die neue Lernkultur in BW stellt das SchulMa öffentlicher Schulen im Bereich der Leistungsmessungen und –beurteilungen in erster Linie insofern vor neue Anforderungen, als dass zum jetzigen Zeitpunkt zunächst noch geeignete Verfahren entwickelt werden müssen, die den pädagogischen Ansprüchen moderner Unterrichtskonzeptionen gerecht werden. Daher steht die Lehrerschaft nun vor der Herausforderung, einen Kanon an Leistungsmessungsverfahren auszuarbeiten, zu dokumentieren und die Ergebnisse anschließend im Kollegium zu kommunizieren und zu diskutieren, um dabei bspw. im Detail zu klären, welche Formen der Schülerpartizipation denkbar sind, inwiefern Gruppenergebnisse bei der Notengebung berücksichtigt werden können, wie sich komplexe Leistungsmessungsvorgänge wie der jahrgangs- und fächerübergreifende Kompetenzerwerb effizient organisieren lassen oder ob man Bewertungsbögen für die Unterrichtsbeobachtung vereinheitlichen sollte. Des Weiteren gilt es, ein Bewertungssystem zu erstellen, dessen Beurteilungskriterien zu definieren und dessen Anwendung allen Beteiligten nachvollziehbar zu erläutern.

Die Aufgabe des SchulMa besteht dabei hauptsächlich in der Steuerung dieser Prozesse. D.h. die verantwortlichen Führungspersonen haben zu allererst das Ziel vorzugeben und das Kollegium zu motivieren, um dann entsprechende Strukturen auszuarbeiten, die eine Delegation der Teilaufgaben ermöglicht. Gleichzeitig gilt es, die Hauptanspruchsgruppen, die Schüler, Eltern, Lehrer und Arbeitgeber, in diese Vorgänge der Schulentwicklung mit einzubeziehen und ihre Interessen zu analysieren, damit auf dieser Grundlage mit ihnen zielführend kommuniziert und ein Interessensausgleich hinsichtlich der Umgestaltung der Bewertungskonzeption herbeigeführt werden kann.

6 Die Möglichkeiten des Bildungsmanagements beim Ausbau kompetenzorientierter Leistungsmessungen und -beurteilungen im Schulsystem Baden-Württembergs

6.1 Die Ausgangslage des Schulmanagements an öffentlichen Schulen

Die Analyse des SchulMa anhand des orientierenden Rahmenmodells von Müller hat ergeben, dass die vorrangige Aufgabe von Führungspersonen an Schulen – genauso wie bei ihren Kollegen in anderen Unternehmen - darin besteht, den Bestand der ihnen anvertrauten Organisation zu sichern und ihre Wettbewerbsfähigkeit zu erhalten. Angesichts der fortschreitenden Ausweitung der neuen Lernkultur besteht daher für viele Schulen in BW die Notwendigkeit, nicht nur ihre Unterrichtsgestaltung zu reformieren, sondern auch ein Beurteilungssystem auszuarbeiten, dass diesen modernen pädagogischen Ansätzen entspricht, im Schulalltag praktikabel ist und den unterschiedlichen Bedürfnissen der Anspruchsgruppen gerecht wird. Aufgrund der rechtlichen Situation der öffentlichen Schulen in BW obliegt das BPM im Allgemeinen und damit auch die Organisation des Handlungsschritts der Prüfung (vgl. Abb. 2 und 3) weitestgehend den Lehrkräften, deren pädagogische Freiheit lediglich durch Verordnungen der Kultusverwaltung begrenzt wird. Angesichts der Tatsache, dass sie auf die Gestaltung und Durchführung der Bildungsprozesse, also die eigentlichen Geschäftsprozesse ihrer Institution, keinen direkten Einfluss nehmen können, stellt sich für die verantwortlichen Führungskräfte an den Schulen im Hinblick auf die anstehenden Reformen im Bereich der Leistungsmessungen und –beurteilungen demnach vor allem die Frage, wie sich dieser komplexe Erneuerungsprozess durch das SchulMa steuern lässt.

6.2 Die Möglichkeiten und Grenzen des Schulmanagements

Da die Gesetzeslage den Schulleitungen in BW eine direkte Einflussnahme auf das BPM ihrer Organisation verwehrt, müssen hinsichtlich der Reform der Bewertungssysteme an öffentlichen Schulen durch das SchulMa entsprechende Rahmenbedingungen geschaffen werden, durch die eine Steuerung dieses komplexen Erneuerungsprozesses zumindest indirekt erfolgen kann. Die Autorin sieht den wichtigsten Ansatzpunkt hierfür auf der Ebene der Ordnungsmomente, besonders im Bereich der Kultur der Einzelschulen. Wie bereits oben erläutert wurde, sieht das Schulgesetz in BW bei Schulentwicklungsprozessen die Partizipation nicht nur der Lehrerschaft, sondern auch der Schüler und Eltern vor. Um den Weg hin zu einer einvernehmlichen Entscheidungsfindung und abschließender Beschlussfassung für alle Beteiligten zu erleichtern, sind deshalb von Seiten der Schulleitung bereits im Vorfeld Maßnahmen zu ergreifen, die die wechselseitigen Beziehungen zwischen ihnen positiv beeinflussen. Dazu gehört neben der Herstellung und Pflege interpersoneller Kontakte vor allem die Sorge um einen angemessenen Informationsfluss, um die für einen vertrauensvollen Umgang notwendige Transparenz zu schaffen (vgl. Albrecht 2013, S. 159f.). Um dabei die verschiedenen Interessen der Anspruchsgruppen berücksichtigen zu können, sollte zuvor eine gewissenhafte Umweltanalyse erfolgen. Auf deren Grundlage kann anschließend unter Einbeziehung aller Beteiligten ein gemeinsames Schulprogramm oder Leitbild erarbeitet werden, das diese nicht nur zur weiteren Entwicklungsarbeit motiviert, sondern ihnen dafür zudem eine Orientierungsmöglichkeit bietet. Dieser Vorgang lässt sich durch die Schulleitung insofern lenken, als dass sie sowohl in der GLK als auch in der Schulkonferenz den Vorsitz innehat und die Vorgänge in beiden Gremien nicht zuletzt mittels entsprechender Anträge maßgeblich beeinflussen kann. Entlang der im Leitbild festgelegten Strategie für die weitere Schulentwicklung lassen sich nun Strukturen erstellen, die den Führungspersonen die Delegation der mit der Reform der Leistungsmessungen und –beurteilungen verbundenen Teilaufgaben ermöglicht. Die Autorin empfiehlt den Schulleitungen in diesem Zusammenhang die Entwicklungsarbeit entlang der für die neue Lernkultur maßgeblichen drei Ebenen der pädagogischen Diagnostik (vgl. Abb. 7) zu organisieren.

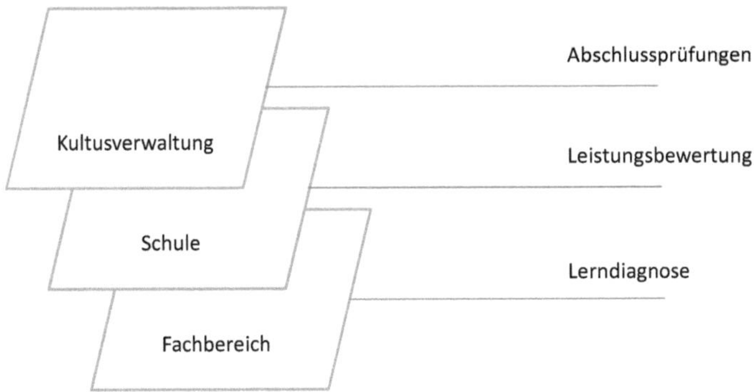

Abb. 7: Die drei Ebenen pädagogischer Diagnostik (Eigene Darstellung)

Diese gliedern sich zum einen in die Lerndiagnostik, die den Lehrkräften in erster Linie dazu dient, das Lernniveau des Schülers zu analysieren, um ihm anschließend ein individuelles Bildungsangebot unterbreiten zu können. Die zweite Ebene bildet die Leistungsbewertung, die sowohl der differenzierten Rückmeldung an den Schüler und seine Eltern als auch der Notengebung dient. Auf der höchsten Ebene erfolgen schließlich die Abschlussprüfungen, die den Zweck der Zertifizierung verfolgen. Im Hinblick auf die Reform schulischer Leistungsmessungen und –beurteilungen ist eine solche Vorgehensweise insofern sinnvoll, als dass die drei Ebenen verschiedenen Verantwortungsbereichen zugeordnet und die damit verbundenen Aufgaben unter ihnen entsprechend aufgeteilt werden können (vgl. Albrecht 2013, S. 147). So sollte die Ausarbeitung von Maßnahmen für die Lerndiagnose wie bspw. die Definition von Kompetenzstufen oder die Standardisierung von Beobachtungbögen den einzelnen Fachbereichen überlassen werden. Da im Gegensatz dazu für die Leistungsbewertung fächerübergreifende und längerfristig ausgelegte Vereinbarungen getroffen werden müssen, wäre in diesem Bereich die Zusammenstellung einer Steuergruppe ratsam, in der nicht nur Lehrer aus den verschiedenen Fachbereichen, sondern auch Eltern und Schüler vertreten sind. Damit diese Gremien effektiv und effizient arbeiten können, ist es an der Schulleitung, konkrete Aufgaben mit klaren Ziel- und Terminvorgaben zu formulieren und die jeweiligen Gruppenleiter mit der notwendigen Weisungsbefugnis auszustatten. Um die Ergebnisse dieser Arbeitsgruppen zu verifizieren, sollten abschließend entsprechende verbindliche Beschlüsse erfolgen. Auf der Ebene der Fachbereiche kann dies innerhalb der Fachkonferenzen geschehen, alle Maßnahmen, die die Bewertungskonzeption der gesamten Schule betreffen, benötigen dagegen die Zustimmung der GLK. Sofern dadurch die NotenVO ergänzt werden sollte, ist zudem das Einverständnis der Schulkonferenz erforderlich. Um den Fortgang des Erneuerungsprozesses zu kontrollieren, sollten die Teilergebnisse regelmäßig evaluiert werden (vgl. ebd., S. 150ff.). Wie oben bereits erwähnt wurde, obliegt die Gestaltung von Abschlussprüfungen und somit auch deren Reform in Sinne der neuen Lernkultur der Kultusverwaltung, sodass an den Einzelschulen für diesen Bereich der pädagogischen Diagnostik bislang keine Entwicklungsarbeit vorgesehen ist.

Auf der Ebene der Führungsprozesse kann die Schulleitung durch gewissenhafte Ausübung ihrer Fachaufsicht und ihre pädagogische Leitung den Lehrkräften Richtlinien für die individuelle Gestaltung ihrer Unterrichtsveranstaltungen und Leistungserhebungen vermitteln. Die Autorin sieht jedoch die Hauptaufgabe der Schulleitung in diesem Bereich darin, diejenigen Lehrkräfte, die sich neben ihrer Unterrichtsverpflichtung in der Entwicklungsarbeit engagieren, zeitlich zu entlasten. Dies kann entweder durch temporäre Unterrichtsbefreiung oder – im Falle längerfristiger Aufgaben - durch die Anrechnung von Deputatsstunden geschehen. Um den Mitgliedern der Arbeitsgruppen die terminliche Koordination untereinander zu erleichtern, sollten ihnen zudem Kooperationszeiten zur Verfügung gestellt werden (vgl. ebd., S. 156ff.). Unterstützungsprozesse hinsichtlich der Entwicklungsarbeit können von Seiten der Schulleitung bspw. durch den regelmäßigen Kontakt zum Schulträger und der Kultusverwaltung zum Zweck der Sicherung hierfür notwendiger materieller und personeller Ressourcen oder die (schul-)rechtliche Beratung der Arbeitsgruppen erfolgen. Im Bereich der Personalarbeit besteht für die Führungskräfte sogar die Möglichkeit im Rahmen interner Lehrerfortbildungen ein eigenes BPM zu betreiben, um z.B. die diagnostische Kompetenz der Lehrkräfte zu fördern (vgl. Haag 2008, S. 292 und Ophuysen 2010, S. 203).

6.3 Die Möglichkeiten des Bildungsmanagements der Kultusverwaltung in Baden-Württemberg

Wendet man das orientierende Rahmenmodell auf das gesamte Bildungssystem in BW an (vgl. 2.3.3), so kann der Ausbau kompetenzorientierter Leistungsmessungen und –beurteilungen durch das BiMa der Kultusverwaltung sowohl direkt als auch indirekt beeinflusst werden. Selbstverständlich wäre es möglich, eine Konzeption auszuarbeiten, um sie dann mittels einer entsprechenden Verordnung für alle Schulen gleichermaßen verbindlich zu erklären. Auf der diagnostischen Ebene der Abschlussprüfungen ist eine solche Vorgehensweise sicherlich auch sinnvoll, um landeseinheitliche und damit schulübergreifende Regelungen festzusetzen. Im Hinblick auf die Leistungsbewertung der Schulen sowie die Lerndiagnostik innerhalb des Fachunterrichts müsste man jedoch aller Voraussicht nach mit dem Widerstand der Anspruchsgruppen rechnen, da sie ihnen die Möglichkeit nähme, am Entwicklungsprozess zu partizipieren. Die Autorin schlägt daher den Verantwortlichen in der Kultusverwaltung vor, auf das BPM der Einzelschulen lediglich indirekten Einfluss zu nehmen. Im Bereich der Ordnungsmomente gilt es somit auch auf Landesebene eine tragfähige Kultur zu schaffen und für einen Interessensausgleich aller Beteiligten zu sorgen, um auf dieser Grundlage eine Gesamtstrategie für die Weiterentwicklung des Schulwesens in BW ausarbeiten zu können, die den Herausforderungen seiner Umwelt gerecht wird. Hinsichtlich der Organisation des Entwicklungsprozesses kann dabei auf die bereits bestehenden Strukturen in der Schullandschaft zurückgegriffen werden.

Unterstützungsprozesse der Kultusverwaltung sollten ebenso wie auf Schulebene durch die juristische Beratung und – in diesem Fall externe - Lehrerfortbildungen erfolgen. Außerdem müsste bereits bei der Ausrichtung der Lehramtsausbildung verstärkt auf die Vermittlung diagnostischer Kompetenzen geachtet werden (vgl. Ophuysen 2013, S. 204). Doch auch die Führungsprozesse innerhalb der Kultusverwaltung können die Reform von Leistungsmessungen und -beurteilungen an den Einzelschulen beeinflussen. Würden zusätzliche Lehrkräfte bereitgestellt und Anrechnungsstunden für das Engagement in der Entwicklungsarbeit genehmigt, würde dies nicht nur den Fortgang beschleunigen, sondern sicherlich auch die Qualität der Ergebnisse verbessern. Des Weiteren sollte darüber nachgedacht werden, inwiefern die Anzahl der Ausschreibungen schulbezogener Stellen erhöht werden könnte. Damit würde man den Schulleitern die Möglichkeit einräumen, gezielt Lehrkräfte an ihre Schulen zu holen, die bereits Erfahrung im Umgang mit der neuen Lernkultur aufweisen (vgl. Albrecht 2013, S. 146ff.). Um das SchulMa an sich zu optimieren sieht Albrecht den Handlungsbedarf von Seiten der Kultusverwaltung vor allem bei der Aufgabenbeschreibung der Schulleiterstellen. „Im Unterschied zu anderen Bundesländern existiert in Baden-Württemberg keine eigene `Dienstordnung´ für Schulleitung und Lehrkräfte, obwohl das Gesetz dies verlangt" (ebd., S. 145). Er fordert daher die Leistungsanforderungen an eine solche Positionen im Vorfeld mittels einer detaillierteren Arbeitsplatzbeschreibung klar zu artikulieren, um Fehlbesetzungen und damit Behinderungen der Schulentwicklung zu vermeiden. Außerdem müsse die Unterrichtsverpflichtung der Führungspersonen an den Schulen minimiert und ihre Einflussmöglichkeiten auf das Kollegium vergrößert werden, damit sie ihren komplexen Managementaufgaben in angemessener Weise nachkommen können (vgl. ebd. S. 147ff.).

7 Schlussbetrachtung

Mit der GMS hat die grün-rote Landesregierung im Schuljahr 2012/13 erstmals eine Schulart in BW eingeführt, in der die neue Lernkultur verpflichtend praktiziert wird. Um den ihr zugrunde liegenden pädagogischen Ansätzen nicht nur bei der Unterrichtsgestaltung, sondern auch im Bereich der Leistungsmessungen und –beurteil-ungen gerecht zu werden, wird derzeit an zahlreichen Schulen im Land wertvolle Schulentwicklungsarbeit geleistet, deren Komplexität das SchulMa vor neue Herausforderungen stellt. Diese Arbeit hat aufgezeigt, dass die verantwortlichen Führungskräfte aufgrund des rechtlichen Kontextes der öffentlichen Schulen keinen direkten Einfluss auf das BPM und somit auch auf die Gestaltung und Durchführung schulischer Leistungserhebungsverfahren ausüben können. Eine Steuerung der Vorgänge durch die Schulleitung kann somit lediglich indirekt erfolgen, indem sie die dafür notwendigen Rahmenbedingen schafft. Als essentieller Aspekt hat sich dabei die Einbeziehung der wesentlichen Anspruchsgruppen, der Lehrkräfte, der Schüler und der Eltern, herausgestellt. Ob ein landesweiter Ausbau kompetenzorientierter Leistungsmessungen und –beurteilungen tatsächlich möglich ist, wird jedoch entscheidend davon abhängen, inwiefern es dem BiMa auf der Ebene der Kultusverwaltung gelingt, die Voraussetzungen für ein effektives und effizientes Management an den Einzelschulen zu verbessern.

8 Literaturverzeichnis

Albrecht, Achim (2013): Schulleitung und Schulorganisation in der Gemein-schaftsschule. In: Bohl, Thorsten; Meissner, Sibylle (Hrsg.): Expertise Gemeinschaftsschule. Forschungsergebnisse und Handlungsempfehlungen für Baden-Württem-berg. Weinheim: Beltz, S. 145-160.

Baulecke, Nadja (2011): Neue Lernkultur und Leistungsmessung. Interview mit

Werner Sacher. In: Schulmanagement. Band 4/2011, S. 28-30.

Bönsch, Manfred (2010): Nachgehende Differenzierung. In: unterrichtspraxis. Heft 4/2010, S. 25-30.

Bohl, Thorsten (2013): Leistungsbeurteilung in Unterrichtskonzeptionen zum Umgang mit Heterogenität. In: Bohl, Thorsten; Meissner, Sibylle (Hrsg.): Expertise Gemeinschaftsschule. Forschungsergebnisse und Handlungsempfehlungen für Baden-Württemberg. Weinheim: Beltz, S. 275-297.

Bohl, Thorsten (2009): Prüfen und Bewerten im Offenen Unterricht. 4. Auflage, Weinheim: Beltz.

Czaputa, Christian (2009): Innere Differenzierung. In: L.A. multimedia. Heft 3/2009, S. 18-23.

dpa (2010): Soziale Herkunft entscheidet über Schulerfolg. Online im Internet:

http://www.sueddeutsche.de/politik/pisa-ergebnisse-soziale-herkunft-entscheidet-ueber-schulerfolg-1.420574-2. Abgerufen am 13.08.2013.

Dubs, Rolf (2005): Die Führung einer Schule. Leadership und Management. Zürich:

Franz Steiner Verlag.

Ebbinghaus, Margit; Schmidt, Jens (1999): Prüfungsmethoden und Aufgabenarten. Bielefeld: Bertelsmann.

Erpenbeck, John; Rosenstiel, Lutz von (2003): Kompetenzmessung – Einführung. In: Erpenbeck, John; Rosenstiel, Lutz von (Hrsg.): Handbuch Kompetenzmessung. Erkennen, verstehen und bewerten von Kompetenzen in der betrieblichen, pädagogischen und psychologischen Praxis. Stuttgart: Schäffer-Poeschel, S. IX-XXXIV.

Freytag, Hans-Peter (2003): Prüfungen – ein Lottospiel? Eine systematisch-kritische Untersuchung der Prüfungsproblematik unter besonderer Berücksichtigung der Abschlussprüfungen nach dem Berufsbildungsgesetz. Hamburg: Feldhaus.

Gayer, Bernhard; Reip, Stefan (2012): Schul- und Beamtenrecht für die Lehramtsausbildung und Schulpraxis in Baden-Württemberg. 10. Auflage, Haan-Gruiten: Europa-Lehrmittel.

Gnahs, Dieter (2010): Kompetenzen – Erwerb, Erfassung, Instrumente. 2. Auflage, Bielefeld: Bertelsmann.

Haag, Ludwig (2008): Diagnostische Kompetenz von Lehrern. In: Stadler-Altmann, Ulrike; u.a. (Hrsg.): Neue Lernkultur – neue Leistungskultur. Bad Heilbrunn: Klinkhardt, S. 292-303.

Hanft, Anke (2008): Bildungs- und Wissenschaftsmanagement. München: Vahlen.

Hauer, Erich (2011): Wird dumm geprüft, wird dumm gelernt. Plädoyer für den Ein-satz anwendungsorientierter Prüfungsaufgaben im Hochschulbereich. In: Magazin erwachsenenbildung.at. Das Fachmedium für Forschung, Praxis und Diskurs. Ausgabe 12/2011, S. 10-2 – 10-9.

Heller, Kurt A.; Hany, Ernst A. (2002): Standardisierte Schulleistungsmessungen. In: Weinert, Franz E. (Hrsg.): Leistungsmessungen in Schulen. 2. Auflage, Weinheim: Beltz, S. 87-101.

Iberer, Ulrich (2010): Bildungsmanagement von Blended Learning. Integrierte Lern-

konzepte steuern und gestalten. Marburg: Tectum.

Ingenkamp, Karlheinz (1997): Lehrbuch der Pädagogischen Diagnostik. 4. Auflage,

Weinheim: Beltz.

Jürgens, Eiko (2003): Schüleraktive Unterrichtsformen. Modelle und Praxisbeispiele für erfolgreiches Lehren und Lernen. Schulmanagement-Handbuch. Band 108, 22. Jahrgang. München: Oldenbourg Schulverlag.

Klauer, Karl Josef (2002): Wie misst man Schulleistungen? In: Weinert, Franz E. (Hrsg.): Leistungsmessungen in Schulen. 2. Auflage, Weinheim: Beltz, S. 103-115.

Konrad, Klaus; Traub, Silke (2011): Selbstgesteuertes Lernen. Grundwissen und Tipps für die Praxis. 3. Auflage, Baltmannsweiler: Schneider.

Kunst, Michaela; Hanft, Anke (2009): Rahmenbedingungen des Bildungsmanagements. In: Gessler, Michael (Hrsg.): Handlungsfelder des Bildungsmanagements. Ein Handbuch. Münster: Waxmann, S. 39-65.

Lehner, Martin (2009): Allgemeine Didaktik. Bern: Haupt.

Michel, Nadine (2013): Inklusion in Baden-Württemberg. Behinderte Schüler müssen warten. Online im Internet: http://www.taz.de/!112854/. Abgerufen am 14. 08.

2013.

Ministerium für Kultus, Jugend und Sport Baden-Württemberg (2013): Online im Internet:http://www.gemeinschaftsschule-bw.de/KULTUSPORTAL-BW,Lde/Kultusministerium+genehmigt+87+Gemeinschaftsschulen+zum+Schuljahr+2013_2014. Abgerufen am 13.08.2013.

Müller, Hans Werner (2007): Grundlagen des Schulmanagements. Schulmanage-ge-

ment-Handbuch. Band 121, 26. Jahrgang. München: Oldenbourg Schulverlag.

Müller, Ulrich (2009): Bildungsmanagement – ein orientierender Einstieg. In: Gess-

ler, Michael (Hrsg.): Handlungsfelder des Bildungsmanagements. Ein Handbuch. Münster: Waxmann, S. 67-90.

Müller, Ulrich; Iberer, Ulrich (2007): Programmentwicklung als Bildungsprozessmanagement. In: Erwachsenenbildung. 53. Jg., Heft 4/2007, S. 205-209.

Ophuysen, Stefanie van (2010): Professionelle pädagogisch-diagnostische Kompetenz – eine theoretische und empirische Annäherung. In: Jahrbuch der Schulentwicklung. Band 16/2010, S. 203-234.

Organisation for Economic Co-operation and Development (2003): Definition and Selection of Competencies: Theoretical an Conceptual Foundations (DeSeCo). Summary of the Final Report „Key Competencies for a Successful Life an a Well-Functioning Society. Paris.

Ott, Bernd (2007): Grundlagen des beruflichen Lernens und Lehrens. Ganzheitliches Lernen in der beruflichen Bildung. 3. Auflage, Berlin: Cornelsen.

Philologenverband Baden-Württemberg (2011): Schul- und Beamtenrecht. Handbuch für Lehrerinnen und Lehrer an Gymnasien, 2012/2013. Villingen-Schwenningen: Neckar-Verlag.

Riecke-Baulecke, Thomas (2010): Editorial. In: Schulmanagement. Band 1/2010, S. 3.

Roth, Tabea; u.a. (2012): Modellhafte Darstellung der Integration eines Ausbildungsangebotes für Anästhesietechnische Assistenten in das vorhandene Ausbildungskonzept zu Operationstechnischen Assistenten an der Akademie für Gesundheitsberufe am Universitätsklinikum Ulm. Unveröffentlichte Studienarbeit der Pädagogischen Hochschule Ludwigsburg.

Roth, Tabea (2013a): Darstellung der spezifischen Herausforderungen des Bildungs-managements beruflicher Schulen in Baden-Württemberg am Beispiel der Max-Eyth-Schule Stuttgart. Unveröffentlichte Studienarbeit der Pädagogischen Hochschule Ludwigsburg.

Roth, Tabea (2013b): Ausarbeitung und Darstellung eines Kommunikationsmodells für Teilnehmer des Bildungsmanagement-Studiengangs an der Pädagogischen Hochschule Ludwigsburg aus dem Schulbereich. Unveröffentlichte Studienarbeit der Pädagogischen Hochschule Ludwigsburg.

Rüegg-Stürm, Johannes (2003): Das neue St. Galler Management-Modell. Grundka-

tegorien einer integrierten Managementlehre. Der HSG-Ansatz. 2. Auflage, Bern:

Haupt.

Rux, Johannes; Niehues, Norbert (2013): Schulrecht. 5. Auflage, München: Beck.

Saalfrank, Wolf-Thorsten (2010): Der „Einzelne" - Ausgangpunkt pädagogischen Handelns. In: Pädagogische Rundschau. Heft 3/2010, S. 245-258.

Sacher, Werner (1996): Prüfen – Beurteilen – Benoten. Grundlagen, Hilfen und Denkanstöße für alle Schularten. 2. Auflage, Bad Heilbrunn: Klinkhardt.

Schlieb, Claudia (2008): Prüfungen in der Erwachsenenbildung. Exzerpt aus unveröffentlichter Diplomarbeit im Diplomstudiengang Pädagogik/Erwachsenenbildung, Ludwigsburg.

Seitz, Hans; Capaul, Roman (2005): Schulführung und Schulentwicklung. Theoretische Grundlagen und Empfehlungen für die Praxis. Bern: Haupt.

Tenorth, Heinz-Elmar (2005): Bildungsstandards und ihre Überprüfung. In: Kodalle, Klaus-Michael (Hrsg.): Der geprüfte Mensch. Über Sinn und Unsinn des Prüfungswesens. Kritisches Jahrbuch der Philosophie. Beiheft 6/2005, S. 13-24.

Wacker, Albrecht (2010): Selbstreguliertes Lernen am Beispiel der "FüK". Einblicke in Prozessmerkmale der neuen „Fächerübergreifenden Kompetenzprüfung" an der Realschule in Baden-Württemberg. In: Pädagogische Rundschau. Heft3/2010, S. 283-300.

Winter, Felix (2006): Leistungsbewertung. Eine neue Lernkultur braucht einen anderen Umgang mit den Schülerleistungen. Baltmannsweiler: Schneider.

Wehr, Helmut (2010): Kooperatives Lernen. In: unterrichtspraxis. Heft 5/2010, S. 33-39.

9 Anhang

A-1: Das St. Galler Schulmodell (Seitz/Capaul 2005, S. 17).

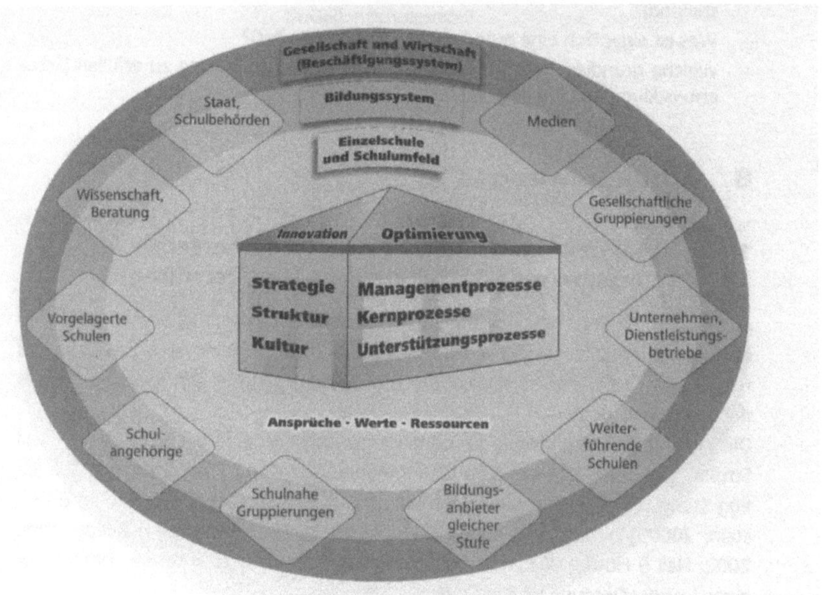

A-2: Das Modell zur Führung einer Schule (Dubs 2005, S. 24).

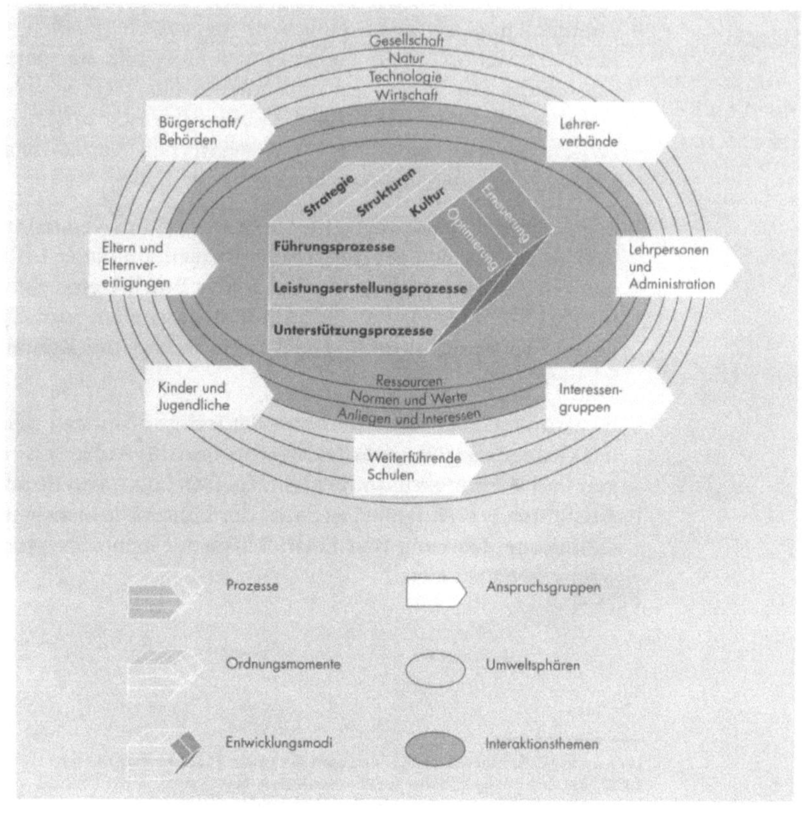